böhlau

Angelika Doppelbauer

Museum der Vermittlung

Kulturvermittlung in Geschichte und Gegenwart

Mit Illustrationen von Valerie Tiefenbacher

Böhlau Verlag Wien Köln Weimar

dı:'ʌngewʌndtə ARTˈɪst

WELS

Veröffentlicht mit der Unterstützung durch:
Die angewandte – Universität für angewandte Kunst Wien
ARTist – Alumniverein der Universität für angewandte Kunst Wien,
Magistrat der Stadt Wels

Bibliografische Information der Deutschen Nationalbibliothek:
Die Deutsche Nationalbibliothek verzeichnet diese Publikation in der Deutschen Nationalbibliografie; detaillierte bibliografische Daten sind im Internet über http://dnb.d-nb.de abrufbar.

Umschlagabbildung: Valerie Tiefenbacher, Institutions VertreterInnen

Korrektorat: Volker Manz, Kenzingen
Einbandgestaltung: Michael Haderer, Wien
Satz: Michael Rauscher, Wien
Druck und Bindung: Generaldruckerei, Szeged
Gedruckt auf chlor- und säurefrei gebleichtem Papier
Printed in the EU

Vandenhoeck & Ruprecht Verlage
www.vandenhoeck-ruprecht-verlage.com

ISBN 978-3-205-23178-3

Inhalt

Vorwort

Wie lässt sich Kunstvermittlung vermitteln? Seit den 1990er Jahren entwickelten sich mit dem Begriff der Kunstvermittlung ein neuer Name für und eine neue Perspektive auf den Bereich der Bildung in Museen und Ausstellungen. Ein neues Berufsfeld entstand. Es verband einen hohen Grad an Reflexivität mit großer Flexibilität, entwickelte sich ständig weiter und zeichnete sich durch Selbstreflexion und Vernetzung aus. Seit der documenta 12 (2007) gibt es auch eine Konjunktur von Publikationen, die dieses Praxisfeld theoretisch fundiert haben. Sie reichen von kritischen Analysen bis zu einer Betrachtung der ökonomischen Bedingungen des Arbeitsfeldes, von der Geschichte und Gegenwart des methodischen und praktischen Vorgehens der Vermittler_innen bis hin zu Theorien der Vermittlung. Mit dem vorliegenden Band wird diese Literatur nun um eine wesentliche Perspektive erweitert: Er bietet einen historischen Überblick und sorgt für eine Grundierung des Begriffs der Kunstvermittlung vor dem Hintergrund einer ebenso reflexiven wie mutigen Positionierung aus der Praxis. Zentral ist dabei die Frage: Was müssen wir über Vermittlung wissen, um sie in unserem Arbeitsfeld gut zu verorten?

Die vorliegende Publikation ist im Rahmen des /ecm-Masterlehrgangs für Ausstellungstheorie und -praxis an der Universität für angewandte Kunst Wien 2016–2018 entstanden und befasst sich mit Kulturvermittlung als Beruf. Geht es zunächst um eine Klärung des Begriffs, zeichnet sie im Anschluss die historische Entwicklung des Arbeitsgebiets nach, um sie mit der Entwicklung der Institution Museum und dessen Rolle in der Gesellschaft in Verbindung zu bringen. Zugleich will sie den Leser_innen Einblicke in inhaltliche Tendenzen und Strömungen sowie in das Selbstverständnis der Akteur_innen im Feld der Vermittlung geben. Ein gesonderter Abschnitt setzt sich mit der Etablierung einer eigenständigen wissenschaftlichen Theorie für das Fach der Kulturvermittlung und mit den vorherrschenden Forschungsschwerpunkten auseinander. Schließlich wird der Prozess der Definition des Arbeitsgebiets bis hin zur Formulierung eines eigenständigen Berufsbildes dargestellt.

Der Band schlägt damit eine Bresche durch ein mittlerweile unübersichtlich gewordenes Dickicht an Literatur auf diesem Feld und bietet so einen Einstieg in das Thema, lädt aber auch zur Vertiefung ein, indem er Informationen strukturiert und dosiert anbietet. Die treffenden Illustrationen von Valerie Tiefenbacher tragen ihren Teil dazu bei, die Lektüre möglichst spannend und kurzweilig zu machen. So eignet sich das Buch sowohl als Einführung für Personen, die sich mit dem Feld der Vermittlung bislang noch nicht auseinandergesetzt haben, als auch für Fachkolleg_innen als Anregung zur weiteren Lektüre. Mit diesem aus der Mitte der Vermittlung heraus geschriebenen Buch ist es einer Kunstvermittlerin, die sich durch eine profunde Praxis und eine Liebe zur Theorie auszeichnet, gelungen, uns mit einer zukunftsweisenden, aktuellen und relevanten Perspektive auch in unseren Positionen herauszufordern.

/ecm Leitungsteam:
Martina Griesser-Stermscheg, Christine Haupt-Stummer, Renate Höllwart, Beatrice Jaschke, Monika Sommer, Nora Sternfeld, Luisa Ziaja

Nicht, wie viele Menschen ins Museum gehen, sondern wie sie wieder herauskommen, ist entscheidend.[1]

Heiderose Hildebrand, 1991

1 Heiderose Hildebrand zitiert nach Gabriele Stöger, Museen, Orte für Kommunikation. Einige Aspekte aus der Geschichte der Bildungsarbeit von Museen, in: Josef Seiter, Auf dem Weg. Von der Museumspädagogik zur Kunst- und Kulturvermittlung, Schulheft 111, Wien 2003, S. 22.

1. Einleitung

Warum eine Geschichte der Vermittlung?

Das vorliegende Buch ist aus der Mitte der Vermittlung heraus geschrieben[2], von einer Vermittlerin mit Praxis und Liebe zur Theorie. Es ist dem Bedürfnis entsprungen, die Geschichte und Entwicklung des eigenen Berufes besser zu verstehen, sich mit seiner Theoriebildung zu beschäftigen und den Prozess der Formulierung eines Berufsbildes zu dokumentieren. Erklärtes Ziel ist es, einen knappen, aber repräsentativen Überblick über die in den letzten Jahren exponentiell angestiegene Literatur zu geben. Der Band möchte einen Einstieg in das Thema erleichtern, einen Überblick verschaffen und entsprechende Informationen strukturiert und dosiert anbieten. Für Fachkolleg_innen mag er als Anregung zur weiteren Lektüre, für Personen, die sich mit dem Feld der Vermittlung noch nicht auseinandergesetzt haben, als erster Schritt auf diesem Gebiet dienen.

Der Titel »Museum der Vermittlung« stammt von der Künstlerin Valerie Tiefenbacher. Er entstand anlässlich des Kooperationsprojektes »Illustration Hub«, das im folgenden Kapitel beschrieben wird. Er spielt mit dem von der kritischen Vermittlung oft thematisierten Mechanismus der Institution Museum, Bedeutung zu generieren, und stellt die Vermittler_innen und ihre Tätigkeit ins Zentrum der Aufmerksamkeit. Dabei ist der Titel nicht frei von Selbstironie und enthält auch eine Portion Selbstkritik. Vermittlung beansprucht, in die Entscheidungsprozesse von Museen einbezogen zu werden und die Institutionen von Grund auf mitzugestalten. Keinesfalls geht es aber darum,

2 Irit Rogoff, Starting in the Middle. NGOs and Emergent Forms for Cultural Institutions, in: Johanna Burton, Shannon Jackson, Dominic Willisdon (Hg.), Public Servants. Art and the Crisis of the Common Good, Cambridge/Mass., London 2016.

Machtstrukturen umzukehren und eine »Herrschaft« der Vermittlung im Museum anzustreben. Ziel ist es vielmehr, eine demokratische, wertschätzende und offene Zusammenarbeit möglichst vieler Standpunkte und Perspektiven zu erreichen.

Die Bezeichnung des Berufes ist im deutschsprachigen Raum uneinheitlich. Die verschiedenen Ansätze der Benennung – von »Museumspädagogik« bis hin zu »Kunst- und Kulturvermittlung« – werden in einem eigenen Kapitel betrachtet. Grundsätzlich wird in dieser Arbeit der Begriff »Vermittlung« als Überbegriff für alle Sparten von Kulturvermittlung verwendet. Der Fokus liegt aus persönlichen Gründen auf der Vermittlung in Museen und Ausstellungen und geht von einer österreichischen Perspektive aus.

Zahlreiche Menschen, die sich für Museen und Ausstellungen interessieren, schätzen und nutzen das vielfältige Angebot der Vermittlung, das den Besucher_innen zur Auswahl steht. Bei Vermittlung denken viele trotzdem in erster Linie an Führungen, die möglichst viel Information in kurzer Zeit in möglichst angenehmer Art und Weise transportieren. Wie bei vielen anderen Berufen macht sich kaum jemand Gedanken, was die tatsächlichen Aufgaben und Herausforderungen des Berufsbildes Kulturvermittlung sind. Manche und mancher werden noch das Bild eines Studentenjobs im Kopf haben, von Leuten in Ausbildung, die sich als Vermittler_innen etwas dazuverdienen. Aus dem ehemaligen Studentenjob oder der mehr oder weniger geliebten Nebentätigkeit wissenschaftlicher Museumsmitarbeiter_innen hat sich in den letzten Jahrzehnten jedoch ein eigener Beruf mit äußerst differenziertem theoretischem Unterbau und vielfältiger Methodik entwickelt. Da es keine allgemeingültigen Standards für die Ausbildung von Vermittler_innen gibt, ist der Personenkreis der in der Vermittlung Tätigen sehr heterogen. Viele arbeiten schon lange in diesem Beruf und verfügen über großes Praxiswissen, manche kommen aus unterschiedlichen fachwissenschaftlichen Bereichen und/oder weisen pädagogische Qualifikationen auf.

Vermittlung als eigenständigen Beruf gibt es seit etwa einer Generation. Die Pionier_innen der ersten Stunde gehen langsam in Pension, neue Generationen rücken nach. Es mehren sich die Ausbildungen und im Zuge der Professionalisierung des Berufes auch die wissenschaftliche Literatur und die Aufarbeitung der Geschichte dieses Berufsfeldes. Zuerst galt es, die Vermittlung als neue Disziplin zu etablieren und von anderen Bereichen abzugrenzen. Neben einer Methodendiskussion finden sich später zahlreiche Auseinandersetzungen damit, welche Position die Vermittler_innen gegenüber der Institution, den Besucher_innen und den Ausstellungsobjekten einnehmen. Eine eigenständige wissenschaftliche Fundierung wurde etabliert, die der Profession eine theoretische Basis verschafft hat.

Vieles wurde erreicht. Vermittlung wird in zahlreichen Häusern mittlerweile als Selbstverständlichkeit angesehen, sie wird von den Besucher_innen wertgeschätzt und erfreut sich größerer gesellschaftlicher Aufmerksamkeit. Aber es gibt weiterhin Aufgaben, die es für die Zukunft zu lösen gilt. So ist es Realität, dass auch heute noch viele Vermittler_innen in prekären finanziellen Verhältnissen leben, ohne Anstellung und soziale Absicherung arbeiten. Die Stundensätze der Entlohnung schwanken stark, teilweise erfolgen die Angebote auf eigenes Risiko und ohne Ausfallshaftung.[3] Dazu kommt in manchen Fällen fehlende Anerkennung durch das wissenschaftliche Personal in den Institutionen. Dies hängt mit der oft hierarchisch interpretierten Diskrepanz zwischen produzierendem und reproduzierendem Wissen zusammen. Umso wichtiger ist es zu zeigen, dass Vermittlung sich nicht auf das Reproduzieren bereits bestehender Inhalte beschränkt, und eine solche Kategorisierung und Wertung zurückzuweisen.

Es scheint, als sei die jetzige Phase eine Periode der Rückschau, des Zusammenfassens und Resümierens. Vermehrt wird versucht, die Geschichte der Vermittlung und ihre Etablierung zu

---

3 Carmen Mörsch, Zeit für Vermittlung, Was ist Kulturvermittlung?, http://www.kultur-vermittlung.ch/zeit-fuer-vermittlung/v1/?m=0&m2=1&lang=d, abgerufen am 12.2.2018.

einem eigenständigen Beruf festzuhalten, ein klares Berufsbild zu formulieren, Methoden zu klassifizieren und die Vermittlung selbst zu erforschen. Eine Vielzahl an Publikationen in den letzten zehn Jahren belegt diese Tendenz. Insofern geht es in diesem Buch auch weniger um die Methoden der Vermittlung, sondern um Fragen der Definition, der Einordnung, um das Selbstverständnis und die Haltung, aus der heraus Vermittlung gesehen und ausgeübt wird.

Vermittler_innen als Schnittstelle zwischen Besucher_innen und Institution

Vermittler_innen stellen das Bindeglied zwischen Institutionen und Besucher_innen dar. Sie stehen in direktem Kontakt und kommunizieren mit beiden Seiten. Dieses Potenzial wird seitens der Institutionen oft wenig oder gar nicht genutzt. Die Vermittler_innen kennen meist sehr genau die Anliegen der Besucher_innen und könnten so der Institution helfen, näher an diese heranzukommen. Vermittlung hat das Potenzial eines emanzipatorischen Effekts und Aktivismus, der Veränderungen bewirken kann. So haben oder vielmehr hätten die Institutionen die Möglichkeit, marginalisierten Themen eine Bühne zu bieten, sie öffentlich sichtbar zu machen und so der offiziellen Geschichtsschreibung andere Perspektiven gegenüberzustellen mit dem Ziel der Selbstermächtigung. Kritische Vermittlung kann die Beziehung zwischen Wissen, Autorität und Macht beleuchten und untersuchen, wie und in wessen Interesse Wissen produziert und weitergegeben wird.[4]

4 Henry A. Giroux, Disturbing Pleasures, Learning Popular Culture, New York, 1994, S. 30, zitiert bei Nora Sternfeld, Der Taxispielertrick. Vermittlung zwischen Selbstregulierung und Selbstermächtigung, in: schnittpunkt – Beatrice Jaschke, Charlotte Martinez-Turek, Nora Sternfeld (Hg.), Wer spricht? Autorität und Autorschaft in Ausstellungen, Wien 2005, S. 15–33, hier S. 30 und 33.

Ein Anliegen ist dabei auch die Sichtbarkeit der Vermittler_innen selbst. Oft bleiben sie innerhalb der Institution, aber auch im Kontakt nach außen anonym. Die Bilder, die auf Museumshomepages zu finden sind, zeigen häufig männliche Vermittler, obwohl ein sehr großer Prozentsatz der Vermittler_innen weiblich ist; dargestellt werden sie im klassischen Zeigegestus, umringt von glücklichen Kindern, wissbegierigen, zufriedenen Erwachsenen oder in die Betrachtung der Exponate versunkenen Senior_innen. Diese Bilder, nicht selten von der Marketingabteilung ausgesucht, sollen das Publikum interessieren, es begeistern und die Lust auf einen Museums- oder Ausstellungsbesuch wecken. Marktorientierte Logiken stellen teilweise große Herausforderungen an die Vermittlung dar. Bei großem Publikumsinteresse werden Programme oft so eng getaktet, dass für Gespräche und Austausch mit den Besucher_innen keine Zeit bleibt. Den kaufmännischen Leitungen in Museen ist meist nur schwer plausibel zu machen, welche Bedeutung geringere Frequenzen und mehr Zeit zwischen einzelnen Vermittlungsformaten haben können.

Tendenzen und Entwicklungen

Wie in jeder Disziplin ergeben sich auch hier in Wellen immer wieder neue Ansätze der Betrachtung und neue inhaltliche Schwerpunkte. So wie die künstlerische Vermittlung einige Zeit lang als die zukunftsweisende und optimale Form der Vermittlung angesehen wurde[5], ist zurzeit Vermittlung als Forschung ein aktueller Schwerpunkt.[6] Wie bei der künstlerischen Vermittlung scheint es auch bei der Vermittlung als Forschung zunächst so, als gäbe es eine Diskrepanz zwischen künstlerischem und vermittlerischem Ansatz oder

5 Stella Rollig, Eva Sturm (Hg.), Dürfen die das? Kunst als sozialer Raum (Museum zum Quadrat Bd. 13), Wien 2004.

6 Bernadette Settele, Carmen Mörsch (Hg.), Kunstvermittlung in Transformation. Perspektiven und Ergebnisse eines Forschungsprojektes, Zürich 2012.

zwischen wissenschaftlichem Diskurs und Praxiswissen. Doch die Lösung liegt genau darin, diese beiden Pole nicht als Spannungsverhältnis zu sehen, sondern sie gemeinsam zu denken. Wenn die Vermittlung künstlerische Methoden integriert, bewirkt das eine Bereicherung und Methodenvielfalt. Ebenso führt die Erkenntnis, dass das Praxiswissen wissenschaftlich ist, wenn es systematisch betrachtet und aufgearbeitet wird, zu einer Professionalisierung der Praxis.

Vermittlung steht immer unter dem Generalverdacht, Inhalte zu vereinfachen und die Komplexität zugunsten der Verständlichkeit zu verringern. Dies erfordert eine stete Kontrolle, damit sich keine Verkürzung ergibt und der Inhalt möglichst vollständig kommuniziert wird. Allerdings wird es immer wieder die Situation geben, dass trotz aller Bemühungen Inhalte nicht übersetzt werden können. Diesem Manko ist nur durch eine Suchbewegung beizukommen, durch eine Vielstimmigkeit, die immer wieder von Neuem ansetzt. Durch gemeinsames Suchen von Besucher_innen und Vermittler_innen kann sich eine Annäherung ergeben, in der Bildung durch Handeln entsteht und die Differenzen stehen lässt, obwohl sie Position bezieht.[7]

Das Dilemma mit Zielen und Zielgruppen

Vermittlung kann sehr unterschiedlich aussehen, je nachdem, welche Ziele im Vordergrund stehen. In manchen Institutionen ist es oberstes Ziel der Vermittlung, die Zahl der Besucher_innen zu erhöhen. In diesem Fall wird sie vielleicht eng mit dem Marketing zusammenarbeiten und versuchen Personen anzusprechen, die bisher noch keine Besucher_innen sind. Ist Bildung

7 Eva Sturm, Woher kommen die Kunst-VermittlerInnen? Versuch einer Positionsbestimmung, in: Stella Rollig, Eva Sturm (Hg.), Dürfen die das? Kunst als sozialer Raum (Museum zum Quadrat Bd. 13), Wien 2004, S. 198–211, hier S. 205–206.

das vorranginge Ziel der Vermittlung, so werden pädagogische Gesichtspunkte im Vordergrund stehen. In manchen Fällen versucht die Vermittlung auch, wirtschaftliche Entwicklungen anzustoßen und die Kreativindustrie zu fördern; ist dies der Fall, wird sie sich von unternehmerischen Logiken leiten lassen. Setzt sie sich zum Ziel, gesellschaftliche Ungleichheit zu bekämpfen, wird sie Formen von sozialer Arbeit und Aktivismus annehmen.[8]

Die Angebote der Vermittlung werden in der Regel auf verschiedene Zielgruppen abgestimmt. Die Definition von Zielgruppen kommt aus der Marktforschung und orientiert sich meist an soziodemografischen Merkmalen wie Alter oder gesellschaftlichen Gruppen. So richten sich Programme an Kinder, Jugendliche, Senior_innen oder Familien sowie an Besucher_innen bestimmter Bildungsinstitutionen wie Gymnasien, Volksschulen oder Lehrlinge in Berufsschulen. Die Definition von Zielgruppen bringt allerdings Nachteile mit sich. So schätzen es Senior_innen meist nicht, als solche bezeichnet zu werden, und bevorzugen altersgemischte Formate. Problematisch wird die Definition von Zielgruppen auch, wenn es um die Zuschreibung von Defiziten geht, wie es zum Beispiel in der Bezeichnung »bildungsferne« Schichten unverkennbar zum Ausdruck kommt. Diese Definition hat oft die Wirkung, Ungleichheiten zu verstärken, statt sie zu beseitigen. Andererseits muss gerade in der Vermittlung auf ungleiche Voraussetzungen eingegangen werden, da es sonst zu weiteren Ausschlüssen von Benachteiligten kommt. Hier zeigt sich ein Dilemma, dem nur mit großer Offenheit und Respekt begegnet werden kann. Kommunikation und Reflexivität, die die anderen miteinbeziehen, sind nötig, können aber das Paradoxon nicht auflösen. Zielgruppen können auch anhand von Berufsgruppen oder Interessen angesprochen werden, oder geografisch, indem sich die Institution zum Beispiel besonders an die Men-

---

8 Carmen Mörsch, Zeit für Vermittlung, Was ist Kulturvermittlung?, http://www.kultur-vermittlung.ch/zeit-fuer-vermittlung/v1/?m=0&m2=1&lang=d, abgerufen am 12.2.2018.

schen in ihrer Nachbarschaft wendet. Die Definition »Menschen mit Lebenserfahrung« kann eine Alternative für Senior_innen darstellen; sie lässt es allen offen, ob sie sich zugehörig fühlen, und legt die Auswahl nicht von vornherein fest.[9]

Ein weiteres Argument, das gegen ein streng auf Zielgruppen abgestimmtes Angebot von Vermittlungsformaten spricht, ist die Beobachtung, dass viele Erwachsene interaktive Vermittlungsprogramme, wie sie hauptsächlich für Kinder angeboten werden, oder praktisches, handlungsorientiertes Arbeiten lieben. Die wenigsten gestehen sich das jedoch ein. Es besteht für Erwachsene eine Hemmschwelle, solche Vermittlungsangebote in Anspruch zu nehmen. Gelingt es, sie dazu zu bewegen, sich auf eine solche Aktivität einzulassen, kommt es oft zu erfüllenden Erlebnissen.

Kunstvermittlung gerät aus einer ähnlichen Motivation heraus zunehmend in den Blick von Unternehmen und wird für die Personalentwicklung eingesetzt. Dabei geht es weniger um die Ausbildung einer künstlerischen Expertise als vielmehr um die Förderung besonderer Persönlichkeitsmerkmale, die mit künstlerischem Arbeiten assoziiert werden. Dies sind neben Kreativität eine positive Haltung gegenüber offenen Prozessen, Fehlertoleranz oder die Fähigkeit zum Perspektivenwechsel. Trotz dieser Zielvorstellungen wird aber auch immer implizit Wissen über die Künste vermittelt.[10]

Carmen Mörsch schlägt vor, Kulturinstitutionen außerhalb von Marktlogiken zu denken und Besucher_innen weniger als Kund_innen denn als Diskussionspartner_innen und aktive Mitgestalter_innen zu sehen. Besucher_innen werden als Träger_innen von Wissen verstanden, die ihrerseits zur Weiterentwicklung der Institution beitragen können. Die Rolle von Lehrenden und Lernenden ist dabei austauschbar. Die Institution kann sich dadurch besser an die Bedürfnisse ihrer Besucher_innen anpassen.

9 Ebenda.
10 Ebenda.

Sie wird als veränderbar verstanden.[11] Für manche bedeutet das allerdings gerade in Bezug auf Museen einen Widerspruch, da diese als Orte des Bewahrens gesehen werden.

Insofern Vermittlung in der Regel den Anspruch erhebt, die Inhalte von Museen und Institutionen mit der Lebensrealität der Besucher_innen zu verknüpfen, wird sie immer auf neue gesellschaftliche Veränderungen eingehen. Hier liegt ihr großes Potenzial, das sie ständig in Bewegung hält, sie immer wieder transformiert und ihr Aktualität verleiht. Es wird stets nötig sein, neue Tendenzen auszumachen und neue Ansätze zu entwickeln, die es schon bald wieder kritisch zu hinterfragen gilt. Diese Beweglichkeit und Offenheit sind die wichtigsten Voraussetzungen für eine aktuelle Vermittlung.

---

11 Ebenda.

So lange die Museen nicht versteinern, werden sie sich wandeln müssen. Jede Generation wird ihnen neue Aufgaben bieten und neue Leistungen abverlangen.[1]

Alfred Lichtwark, 1903

1 Alfred Lichtwark, Museen als Bildungsstätten. Einleitung zum Mannheimer Museumstag, in: Eckhard Schaar (Hg.), Alfred Lichtwark, Erziehung des Auges. Ausgewählte Schriften, Frankfurt am Main 1991, S. 43-47, hier S. 47.

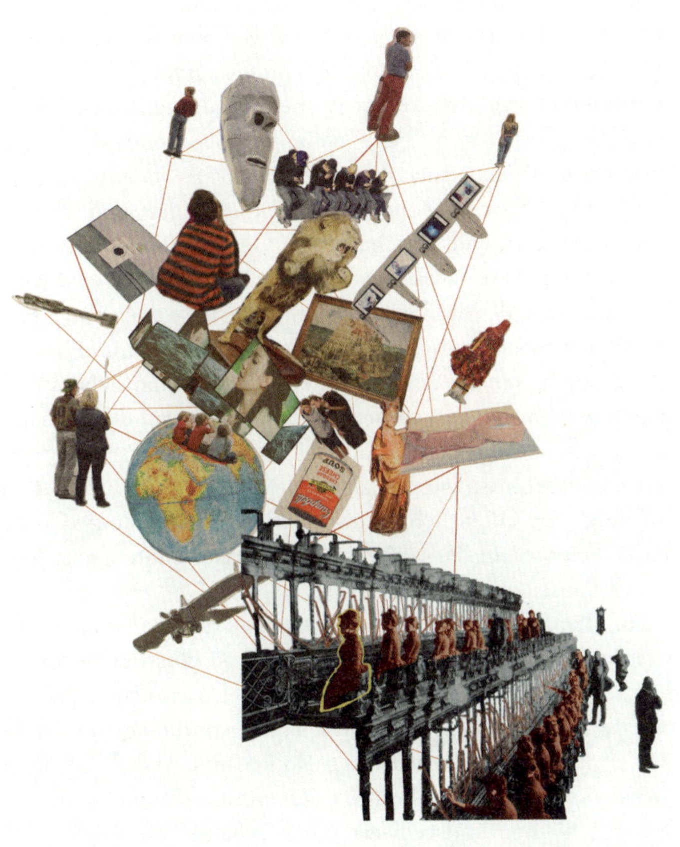

Vermittlung, 2018
Illustration: Valerie Tiefenbacher

2. Zu den Illustrationen von Valerie Tiefenbacher

Die Abbildungen der Illustratorin und bildenden Künstlerin Valerie Tiefenbacher entstanden in einem kollaborativen Prozess mit der Verfasserin dieser Arbeit im Rahmen des »Illustrationhub 2018«, einem Programm zur Förderung von Wissenschaftskommunikation durch künstlerische Gestaltung. Dieses Projekt wurde initiiert vom WTZ – Wissenstransferzentrum Ost der Universität Wien, einer Plattform zum Austausch von Forschungsergebnissen, Technologien, Erfindungen und Erkenntnissen zwischen Wissenschaft und Gesellschaft. Ziel des Kooperationsprojektes zwischen Wissenschaftler_innen und Künstler_innen aller Wiener Universitäten war es, die noch junge Form der Wissenschaftskommunikation kennenzulernen und in einen transdisziplinären Dialog zu treten. Wissenschaftliche Inhalte sollten gemeinsam neu formuliert und eine Form der Visualisierung erarbeitet werden. Das Projekt wurde gemeinsam umgesetzt und die Ergebnisse wurden unter dem Titel »Museum der Vermittlung« der Öffentlichkeit in Form der Ausstellung »Colabor Art & Science« an der Universität für Angewandte Kunst Wien im April 2018 präsentiert.

Für die Künstlerin und die Autorin dieser Arbeit war es wichtig, nicht einen vorgegebenen Text zu illustrieren, sondern durch das Medium der Illustration gemeinsam neue Inhalte zu generieren. Daraus ergab sich der Fokus auf die Person der Vermittler_innen, die in allen ihren Rollen und Aufgaben vor den Vorhang geholt werden sollte. Diese Rollen-Bilder spielen mit der sprachlichen und teilweise auch inhaltlichen Analogie des Vermittlungsbegriffs in den zusammengesetzten Worten Telefonvermittlung und Kulturvermittlung. In einer Telefonvermittlung stellen die Vermittler_innen Verbindungen zwischen Personen her, die vorher nicht in Kontakt standen, nun aber miteinander kommunizieren können. Ähnlich gestaltet sich die Arbeit von Kulturvermittler_innen, die Beziehungen zwischen Personen, Objekten und Inhalten herstellen, die auch hier vorher oft nichts miteinander zu tun hatten. Aber es gibt noch eine weitere Parallele: In beiden Berufen stellen Frauen die Mehrzahl der Beschäftigten.

Das Bild einer Telefonvermittlung mit vielen darin arbeitenden Vermittlerinnen ist somit die grundlegende Idee. Die Figur der ersten Vermittlerin in der oberen Reihe stellt den Ausgangspunkt der Darstellung unterschiedlicher Rollenbilder dar und wird mit wechselnden Attributen ausgestattet. Die Idee der Rollenbilder ergibt sich daraus, dass die im Kapitel »Berufsbild Kulturvermittlung – eine Berufsgruppe emanzipiert sich« aufgezählten Anforderungen an Vermittler_innen eine Liste mit 65 Punkten ergibt. Diese Fülle an verlangten Qualifikationen stellt die Künstlerin ins Zentrum ihrer Darstellung. Dabei erhebt sie die Vermittler_innen zu (Super)Held_innen, die versuchen, allen Ansprüchen gerecht zu werden. Die von Valerie Tiefenbacher den heutigen Kulturvermittler_innen eingeschriebene Figur der Telefonvermittlerin verweist auf Reminiszenzen aus der Geschichte, die Vermittler_innen der Gegenwart in sich tragen.

Valerie Tiefenbacher studierte Malerei an der Universität für Angewandte Kunst Wien in der Klasse von Johanna Kandl und an der Vilnius Dailes Akademija in Vilnius, Litauen. Nach Ausstellungen in Österreich, Litauen und Belgien arbeitet sie als freischaffende Künstlerin und Illustratorin in Wien.

www.valerietiefenbacher.com

Die Bilder, die seit etwa 100 Jahren Kulturvermittlung dokumentieren, erzählen nur selten etwas von der sozialen Energie, der inhaltlichen Komplexität oder gar den interessanten Spannungsverhältnissen und Erkenntnisprozessen, die sich dabei ereignen.[1]

Carmen Mörsch, 2012

---

1 Carmen Mörsch, Zeit für Vermittlung, Vorwort, http://www.kultur-vermittlung.ch/zeit-fuer-vermittlung/v1/?m=0&m2=1&lang=d, abgerufen am 12.2.2018.

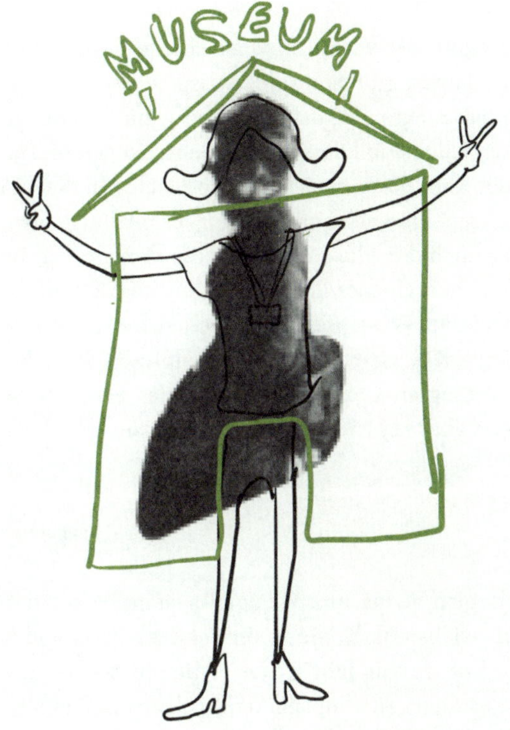

Institutions VertreterInnen

Illustration: Valerie Tiefenbacher

3. Berufsbezeichnung und wissenschaftliche Verortung

Seit Beginn der Vermittlung als eigenständiges Berufsfeld in den 1960er Jahren gibt es im deutschsprachigen Raum Diskussionen über die exakte Berufsbezeichnung und wissenschaftliche Verortung. Jede neue Disziplin versucht, ein eigenständiges Fach mit eigener Theorie zu entwickeln und sich von Nachbargebieten abzugrenzen. Dies sind im Fall der Vermittlung sowohl die Pädagogik als auch die Museologie. Da die Protagonist_innen ursprünglich mangels eigener Fachausbildung aus den unterschiedlichsten Berufs- und Wissenschaftsbereichen kamen, ergibt sich eine besondere Nähe zu eben diesen Disziplinen. Interdisziplinarität ist von Anfang an kennzeichnend für das Feld der Vermittlung, erschwert aber zugleich dessen Eingrenzung.

Eine Frage der Bezeichnung

Der Begriff »Museumspädagogik« stammt aus der Zeit des Nationalsozialismus. Erstmals verwendet wird er von Karl Hermann Jacob-Friesen im Jahr 1934.[1] Museen sollten als ideologische Lehranstalten zu Propagandazwecken missbraucht werden. Die Bezeichnung setzt sich allerdings vorerst nicht durch und wird erst in den 1960er Jahren in der DDR wieder aufgegriffen und durch zahlreiche Publikationen verbreitet. Auch hier steht die

1 Friedrich Waidacher, Handbuch der Allgemeinen Museologie, Wien, Köln, Weimar 1999, S. 112 bezieht sich auf Andreas Grote, Museen als Bildungsstätten, in: Wolfgang Klausewitz (Hg.), Museumspädagogik. Museen als Bildungsstätten, Frankfurt am Main, 1975 und Wolfgang Herbst, Konstantin G. Levykin (Hg.) Museologie, Berlin 1988.

ideologische Beeinflussung im Vordergrund: Museumspädagog_innen werden als »Popularisatoren und Propagandisten der Gedanken« bezeichnet.[2] Die Vereinnahmung erfolgt also durch unterschiedliche politische Lager.

Trotz dieser Genese etabliert sich der Begriff Museumspädagogik im deutschsprachigen Raum. In englischsprachigen Ländern spricht man durchwegs von »education«. Diese Bezeichnung findet sich in unterschiedlichen Kombinationen wie »Opera Education«, »Gallery Education«, »Museum Education«, »Dance Education« oder »Concert Education«. In den letzten Jahren wird sie manchmal durch »learning« ersetzt. Der Begriff »mediation« zielt im Englischen auf Konfliktlösung im juristischen oder sozialen Bereich. »Cultural mediation« knüpft daher an kulturelle Unterschiede im Kontext von Migration an.[3] Die Bezeichnung ist allerdings im internationalen Englisch vor allem in Übersetzungen aus dem Deutschen zu finden.[4]

Im Französischen spricht man von »médiation culturelle« im Sinne von Kulturvermittlung. Diese Bezeichnung taucht erstmals in den 1980er Jahren auf und wird als Öffentlichkeitsarbeit und Wissensvermittlung verstanden. Durch den 1994 gegründeten Studiengang »Médiation culturelle de l'Art« an der Universität Aix-Marseille verschiebt sich die Bedeutung zugunsten einer »Austauschbeziehung zwischen Publikum, Werken, Künstler_innen und Institutionen«. Hierbei geht es weniger um Wissensvermittlung als um gemeinsame Reflexion.[5]

Das »Handbuch Museumspädagogik« von Weschenfelder und Zacharias, 1981 erstmals erschienen, stellt die erste umfassende Bestandsaufnahme der Disziplin dar. Es ordnet die Museums-

2 Ebenda.

3 Carmen Mörsch, Zeit für Vermittlung, Was ist Kulturvermittlung?, http://www.kultur-vermittlung.ch/zeit-fuer-vermittlung/v1/?m=0&m2=1&lang=d, abgerufen am 12.2.2018.

4 Ebenda, englische Begrifflichkeiten.

5 Ebenda.

pädagogik in den Bereich der Erziehungswissenschaften ein und spiegelt damit die Situation in den 1970er und 1980er Jahren.[6] Museumspädagogik wird als Pädagogik im Museum gesehen, als Erziehung auf das Museum hin oder als eine auf pädagogischen Grundlagen beruhende Form der Auseinandersetzung mit Museumsobjekten. Die entsprechende wissenschaftstheoretische Fundierung und Forschung wird in Anlehnung an die Erziehungswissenschaften »Museumsdidaktik« genannt. Die Autoren des Handbuchs sehen in der Didaktik einen Teilbereich der Pädagogik, der das geplante, zielgerichtete und organisierte Lernen betrifft. In Analogie dazu definieren sie die Museumsdidaktik als Teil der Museumspädagogik.[7] Sie schlagen in ihrer Schlussbemerkung vor, die Berufsbezeichnung »Museumspädagogik« in »Kulturpädagogik« umzuwandeln. Dabei beziehen sie sich auf eine Tagung der deutschen UNESCO-Kommission 1977, die ebenfalls von »Kulturpädagogik« spricht.[8]

Andere Interpretationen des Begriffspaares »Pädagogik – Didaktik« sehen in der Museumspädagogik die personelle Vermittlung, in der Museumsdidaktik hingegen die Gestaltung einer Ausstellung, die sich an Einzelbesucher_innen ohne personelle Vermittlung richtet, oder sie definieren Museumspädagogik als Lehre von der Erziehung durch das Museum und Museumsdidaktik als Lehre von der Vermittlung der Museumsinhalte. Andere Autor_innen wiederum verwenden die Begriffe synonym.[9]

In den 1990er Jahren kommt eine Vielfalt von Definitionen auf, die teilweise als notwendige Dynamik innerhalb des Faches im Sinne von Flexibilität und Aktualität gedeutet wird. In manchen Fällen spiegelt die Bezeichnung dabei ein altmodisches Ver-

6 Klaus Weschenfelder, Wolfgang Zacharias, Handbuch Museumspädagogik. Orientierungen und Methoden für die Praxis, Düsseldorf 1981, 2. Auflage 1988.

7 Vgl. ebenda, S. 15.

8 Vgl. ebenda, S. 367.

9 Lisa Spanier, Kunst- und Kulturvermittlung im Museum. Historie – Bestandsaufnahme – Perspektiven, Düsseldorf 2014, S. 68–70.

ständnis des Berufsfeldes wider. So wird im Kunsthistorischen Museum Wien die Vermittlungsabteilung in den 1980er Jahren noch »Führungsabteilung« genannt.[10] Die Schwierigkeit der Begriffsbildung sehen manche in dem fächerübergreifenden Charakter der Vermittlung und deuten die Heterogenität als Qualitätsmerkmal, als größere Ausdifferenzierung im Sinne eines Entwicklungsprozesses. Die Abgrenzung durch eine eigene, spezifische wissenschaftliche Fundierung wird zugunsten einer Multiperspektivität aufgegeben und Museumspädagogik als »Grenzwissenschaft« interpretiert, die Anteil an vielen anderen Wissenschaften hat. Darunter fallen Erziehungswissenschaften, Allgemeine Pädagogik, Schulpädagogik, Erwachsenenpädagogik, Spiel- und Theaterpädagogik, Sozialwissenschaften, Kulturwissenschaften, Freizeitpädagogik, Kommunikationswissenschaften und Museologie.[11]

Tätigkeitsbereiche oder Was tun Vermittler_innen auf welcher Basis?

Im Laufe der Zeit wird immer wieder die Ausarbeitung einer konkreten Tätigkeitsbeschreibung der Museumspädagogik gefordert. Die Schwierigkeit dieses Unterfangens ergibt sich aus den äußerst unterschiedlichen Voraussetzungen an den verschiedenen Museen. Dadurch kommt es zu sehr divergierenden Arbeitsbereichen, was die Theoriebildung erschwert. Diesen Umstand empfinden manche Vermittler_innen als problematisch. Sie haben das Bedürfnis nach Orientierung und klaren Leitlinien sowie nach einer Syste-

---

10 Gespräch mit Hadwig Kräutler am 22.2.2018.

11 Lisa Spanier, Kunst- und Kulturvermittlung im Museum. Historie – Bestandsaufnahme – Perspektiven, Düsseldorf 2014, S. 72 bezieht sich auf die Neuauflage von Klaus Weschenfelder, Wolfgang Zacharias, Handbuch Museumspädagogik. Orientierungen und Methoden für die Praxis, Düsseldorf 1992, S. 10f.

matisierung der bestehenden Theorien. Gabriele Stöger sieht in der fehlenden Definition der Wissenschaft, ihrer Ziele, Verfahren und Ausbildungsvorschriften den Grund für den niedrigen Stellenwert der Vermittlung innerhalb der Museumshierarchien. Die Formulierung eines einheitlichen Berufsbildes wird als unverzichtbare Voraussetzung für die Professionalisierung angesehen.[12]

Museumspädagogik versus Kulturvermittlung

Statt einer Vereinheitlichung kommt es in der Folge jedoch zu einer weiteren Aufgliederung. In Österreich ändert man 1991 im Zuge der Gründung der Interessensvertretung des »Österreichischen Verbandes der Kunst- und Kulturvermittler_innen im Museums- und Ausstellungswesen« die Berufsbezeichnung von »Museumspädagogik« zu »Kulturvermittlung«. Dies spiegelt eine langjährige Diskussion im Feld der Vermittlung wider. Einerseits soll die Abgrenzung zum Begriff der Pädagogik der weiter gefassten Zielgruppe gerecht werden, die sich nicht auf Kinder und Jugendliche beschränkt.[13] Andererseits besteht die Sorge, die Theoriebildung könnte von der Pädagogik vereinnahmt werden. Dem will man dezidiert entgegenwirken.[14] Eine Anlehnung an die Erziehungswissenschaften und die Fachdidaktik ist schon früher vielfach abgelehnt worden. Stattdessen gibt es seit Mitte der 1970er Jahre Bemühungen, eine eigene wissenschaftliche Basis zu etablieren und Methoden zu entwickeln, die speziell an die Situation und die Gegebenheiten in Museen und Ausstellungen angepasst

12 Standbein Spielbein, 43, 1995, S. 4, zitiert nach Lisa Spanier, Kunst- und Kulturvermittlung im Museum. Historie – Bestandsaufnahme – Perspektiven, Düsseldorf 2014, S. 73–75.

13 Renate Höllwart, Entwicklungslinien der Kunst- und Kulturvermittlung, in: Schnittpunkt et al. (Hg.), Handbuch Ausstellungstheorie und praxis, Wien, Köln, Weimar 2013, S. 37–50, hier S. 39.

14 Lisa Spanier, Kunst- und Kulturvermittlung im Museum. Historie – Bestandsaufnahme – Perspektiven, Düsseldorf 2014, S. 37.

sind.[15] So sieht Stöger die Bildungsarbeit im Museum, die von der Kulturvermittlung geleistet wird, als soziale Beziehungsarbeit und die Schaffung von Kommunikationsmöglichkeiten,[16] was mit dem Anspruch auf Erziehung nicht übereinstimmt. Josef Nolte erkennt in der Bezeichnung »Pädagogik« sogar eine »Belehrungs- und Erziehungsandrohung«.[17] Waidacher argumentiert, dass es bei »Unkundigen« zu einer Gleichsetzung von Schule und Museum kommen könnte, was er als diametral entgegengesetzte Bereiche versteht. Er führt zahlreiche Unterschiede zwischen den beiden Institutionen an: Schule will vorrangig bilden, Museen ermöglichen offene Bildung; in der Schule folgt der Unterricht einer gewissen Systematik, der Museumsbesuch wird durch die Objekte in der Ausstellung strukturiert; die Aufgabe des Museums sei es nicht zu informieren, sondern Erlebnisse zu ermöglichen. Waidacher versteht das Museum dezidiert nicht als Lernort und spricht sich in diesem Sinne gegen die Bezeichnung »Museumspädagogik« aus.[18]

Die Zusammenarbeit mit Schulen ist zwar immer ein zentrales Anliegen der Vermittlung, da so Kinder und Jugendliche aus allen sozialen Schichten angesprochen werden, man befürchtet aber eine Instrumentalisierung des Museums durch die Schule sowie eine wissenschaftliche und methodische Stagnation innerhalb der Museumspädagogik.[19] Ein weiteres Argument gegen die Bezeichnung »Museumspädagogik« liegt in der Überlegung, dass sie ein Machtgefälle zwischen einer belehrenden Autorität und einem als uninformiert angenommenen Gegenüber suggerieren könnte. Außerdem beschränkt sie sich auf die personale

---

15 Vgl. ebenda, S. 35.

16 Gabriele Stöger, Was ist Museumspädagogik?, in: Standbein Spielbein, 43, 1995, S. 10–11, zitiert nach ebenda, S. 76.

17 Josef Nolte, Museumspädagogik. Ein Studienvorkommnis zwischen den Wissenschaften, in: Standbein Spielbein, 36/37, 1993, S. 6–10.

18 Friedrich Waidacher, Handbuch der Allgemeinen Museologie, Wien, Köln, Weimar 1999, S. 214–217.

19 Lisa Spanier, Kunst- und Kulturvermittlung im Museum. Historie – Bestandsaufnahme – Perspektiven, Düsseldorf 2014, S. 35.

Vermittlung und schließt alle medialen Vermittlungsformen wie Raumtexte, Begleitbroschüren, Kataloge, Audioguides, Informationsräume, Websites oder Materialien für den Unterricht aus.[20] Schließlich, so wird angeführt, beruft sich die Vermittlung nicht allein auf Erkenntnisse der Pädagogik, sondern auch auf solche aus anderen Wissenschaftsgattungen wie Psychologie, Kommunikations- und Sozialwissenschaften; auch deshalb sei die Bezeichnung Museumspädagogik unzutreffend.[21]

Angesichts der intensiven Debatte lässt der deutsche Bundesverband Museumspädagogik e.V. 2004 eine Mitgliederbefragung durchführen, bei der eine Mehrheit für die Beibehaltung der Bezeichnung »Museumspädagogik« stimmt. Man will sie trotz der genannten Kritik nicht aufgeben.[22] Die Abstimmung in Deutschland bringt somit keine Einheitlichkeit. Besonders virulent ist das Problem durch die zunehmende länderübergreifende Zusammenarbeit der deutschen, österreichischen und schweizer Fachverbände, da man auch in der Schweiz von der Bezeichnung »Museumspädagogik« abgegangen ist. Das führt dazu, dass in der Folge die Begriffe »Museumspädagogik« und »Vermittlung« teilweise synonym verwendet werden. Generell ist jedoch eine Tendenz zur Verwendung von »Vermittlung« und »Bildung« anstelle von »Museumspädagogik« zu bemerken. Vertreter_innen der Berufsgruppe werden als »Vermittler_innen« oder »Fachleute für Bildung und Vermittlung« bezeichnet.[23] Anfang der 2000er

20 Renate Höllwart, Vom Stören, Beteiligen und Sichorganisieren. Eine kleine Geschichte der Kunstvermittlung in Wien, in: schnittpunkt – Beatrice Jaschke, Charlotte Martinez-Turek, Nora Sternfeld (Hg.), Wer spricht? Autorität und Autorschaft in Ausstellungen, Wien 2005, S. 105–119, hier S. 106.

21 Julia Breithaupt, Bildungsarbeit im Museum. Bemerkungen zu einem Begriff, in: Standbein Spielbein, 64, 2002, S. 5–7, zitiert nach Lisa Spanier, Kunst- und Kulturvermittlung im Museum. Historie – Bestandsaufnahme – Perspektiven, Düsseldorf 2014, S. 77.

22 Lisa Spanier, Kunst- und Kulturvermittlung im Museum. Historie – Bestandsaufnahme – Perspektiven, Düsseldorf 2014, S. 78.

23 Vgl. ebenda, S. 79.

Jahre ist auch analog zu »Sammlungskurator_innen« von »Kommunikationskurator_innen in Museen« die Rede.[24]

Diese Verschiebung der Begrifflichkeit auch in Deutschland geht mit der allgemeinen Tendenz innerhalb des Berufsfeldes einher, das Museum zunehmend als Ort der Bildung und Unterhaltung zu definieren, der sowohl informelles Lernen als auch Entspannung ermöglicht. Der Wissenstransfer erfolgt in dieser Sicht nicht linear von Vermittler_innen zu Besucher_innen, sondern wird als reziproke, gemeinsame Wissensproduktion verstanden.[25]

Derzeit sind verschiedene Bezeichnungen in Umlauf. Neben »Kunst- und Kulturvermittlung« trifft man auf den Tätigkeitsbegriff des »Moderierens im Museum«[26] beziehungsweise auf das Begriffspaar »Bildung und Kommunikation« oder »Bildung und Vermittlung«. In den deutschsprachigen Ländern findet sich auch oft der Begriff der »kulturellen Bildung« als Sammelbegriff.

Worauf bezieht sich die Kultur in der Vermittlung?

Auf welche Typen von Museen bezieht sich nun aber der Vermittlungsdiskurs? Manche verwenden die Bezeichnung »Kunstvermittlung« und gehen ausschließlich von Kunstmuseen aus. Andere sprechen von »Kulturvermittlung«, wobei nicht ganz klar ist, welche Bereiche darin eingeschlossen sind. Gilt die Bezeich-

24 Aline Ehrenfried, Ute Moos, Petra Staudinger, Verena Traeger, Kulturvermittlung, die kleine Schwester der Kunstvermittlung? Über versäumte Vernetzungen in der Vermittlungsarbeit; in: faxen, 40, 2001, S. 6–10.

25 Tobias Nettke, Weniger Museumspädagogik und mehr Vermittlung im Museum? Ein Kommentar zur Erstarkung der Vermittlungsaufgabe im Museum, in: Standbein Spielbein, 91, 2011, S. 59–61, zitiert nach Lisa Spanier, Kunst- und Kulturvermittlung im Museum. Historie – Bestandsaufnahme – Perspektiven, Düsseldorf 2014, S. 79.

26 Christiane Schrübbers (Hg.), Moderieren im Museum. Theorie und Praxis der dialogischen Besucherführung, Bielefeld 2013.

nung auch für Natur- und Technikmuseen oder muss hier die Bezeichnung »Naturvermittlung« und »Technikvermittlung« gewählt werden? Die gleiche Frage stellt sich für Science Centers und Formate im öffentlichen Raum. Inwieweit sind sie methodisch mit der Vermittlung in Museen und Ausstellungen vergleichbar?

Hierüber herrscht in der Literatur und im Sprachgebrauch keineswegs Einheitlichkeit. Carmen Mörsch schließt in den Begriff »Kulturvermittlung« auch Formate in Opern, Konzerthäusern, Theatern, im Tanz- und Literaturbetrieb mit ein. Darunter fallen für sie Führungen, Publikumsgespräche, Workshops, aber auch Einführungen in Theater, Opern, Tanzbühnen- oder Konzertaufführungen sowie das Unterrichten künstlerischer Schulfächer, theaterpädagogische Projekte oder Projekte mit Künstler_innen in Schulen.[27] Neben dem Sammelbegriff »Kulturvermittlung« finden sich jedoch auch zahlreiche Aufgliederungen in Einzeldisziplinen wie Musikvermittlung, Theatervermittlung, Tanzvermittlung, Literaturvermittlung und schließlich Wissenschaftsvermittlung.

Um von Vermittlung sprechen zu können, ist, so Mörsch, der Aspekt des Lernens grundlegend. Im Unterschied zu Marketing oder Kunstkritik werden in der Vermittlung didaktische Methoden eingesetzt, um Bildungsziele zu erreichen. Dabei ist von sehr unterschiedlichen Bildungsvorstellungen auszugehen. Menschen werden über ein kulturelles Feld informiert, treten darüber in Austausch und reagieren darauf, sei es sprachlich oder mit anderen Ausdrucksformen.[28] Eva Sturm weist in diesem Zusammenhang auf den Unterschied von Vermittlung und Kommentar hin. Die Vermittlung geht von ihrem Gegenüber aus und passt ihren Diskurs entsprechend an. Der Kommentar oder die Kritik darf

27 Carmen Mörsch, Zeit für Vermittlung, Was ist Kulturvermittlung?, http://www.kultur-vermittlung.ch/zeit-fuer-vermittlung/v1/?m=0&m2=1&lang=d, abgerufen am 12.2.2018.

28 Ebenda.

hingegen unverständlich bleiben; »je hermetischer [...] ein Text [...], desto besser schützt er das Kunstwerk«.[29]

Diesem Buch liegt ein weites Begriffsverständnis der Kulturvermittlung zugrunde. Es verwendet deshalb durchgehend die Bezeichnung »Vermittlung« als Sammelbegriff für Aktivitäten in unterschiedlichen Bereichen.

29 Eva Sturm, Woher kommen die Kunst-VermittlerInnen? Versuch einer Positionsbestimmung. In: Stella Rollig, Eva Sturm (Hg.), Dürfen die das? Kunst als sozialer Raum (Museum zum Quadrat Bd. 13), Wien 2004, S. 198–211 zitiert Boris Groys, Kunst-Kommentare, Wien 1997, S. 11.

Die Museen der Zukunft werden von den Interessensvertretern der Museumsbesucher organisiert werden müssen und nicht von Spezialisten, die ausstellen wollen, was sie für wichtig halten.[1]

Otto Neurath, 1933

---

1 Otto Neurath, Die Museen der Zukunft, in: Rudolf Haller, Robin Kinross (Hg.), Gesammelte bildpädagogische Schriften, Wien 1991, S. 244.

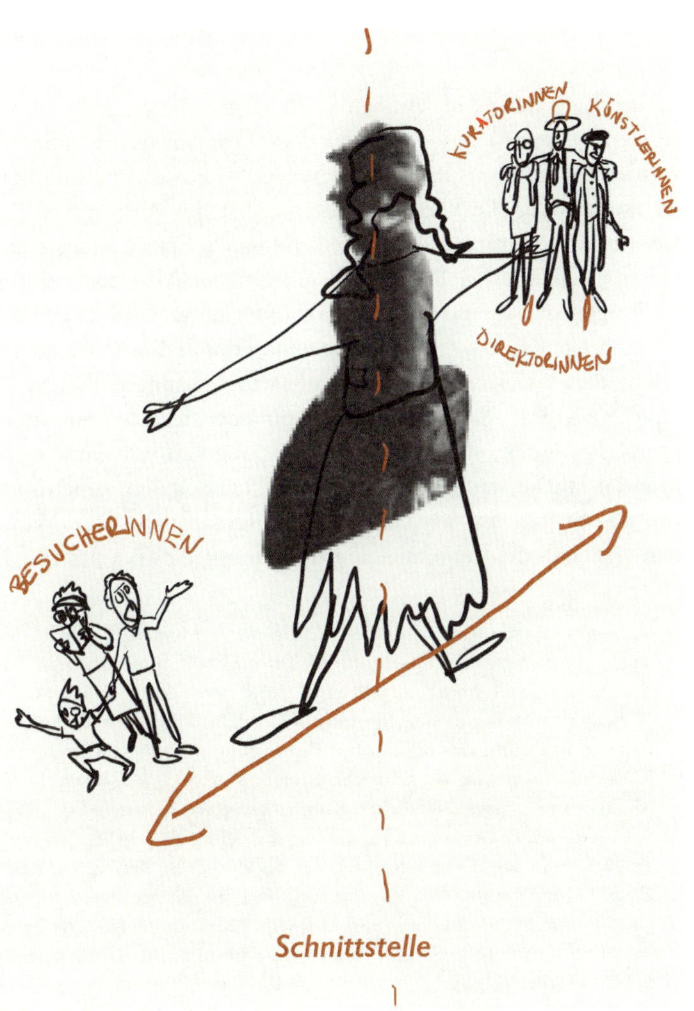

Illustration: Valerie Tiefenbacher

4. Geschichte und Tendenzen der Vermittlung

Seit wann gibt es Vermittlung?

Vermittlung hat es in Museen wohl schon immer gegeben, nur ist sie zunächst nicht als eigenständige Tätigkeit wahrgenommen worden. Man kann davon ausgehen, dass die mit Sammlungen Betrauten oder die Sammler_innen selbst ihr Wissen und ihre Informationen mit anderen geteilt und an andere weitergegeben haben.[1] Die Geschichte der Vermittlung in Museen und Ausstellungen ist naturgemäß mit der Entwicklung von Museen und Sammlungen aufs Engste verwoben und durch diese bedingt. Sie reicht daher weit zurück. Die frühesten bekannten Funde, die nahelegen, dass Zeugnisse der Natur oder Kultur bewusst gesammelt werden, stammen aus Mesopotamien am Anfang des zweiten Jahrtausends vor Christus. Es handelt sich um Kopien von Inschriften für den Unterricht. Offensichtlich übernahmen damals schon die Lehrenden die Rolle von Vermittler_innen.[2] Es

1 Zu dieser Aussage gibt es durchaus divergierende Meinungen. Thea Unteregger, Die Kunst der Kunstvermittlung, Diplomarbeit, Innsbruck 1998 setzt den Anfang von Vermittlungsaktivitäten viel später an, nämlich mit der Etablierung öffentlicher Sammlungen. Auch Gottfried Fliedl, Der Bildungsauftrag des Museums. Zur historischen Begründung der »Didaktisierung« des Museums. Ein Beitrag zur Entwicklung eines didaktischen Rahmens für das Museumswesen, unveröffentlichter Forschungsbericht, Klosterneuburg, Wien 1988 verortet den Beginn der Vermittlung mit der aufklärerischen Definition des Museums als Bildungsort nach der Französischen Revolution. Beides zitiert bei Eva Sturm, Woher kommen die Kunst-VermittlerInnen? Versuch einer Positionsbestimmung, in: Stella Rollig, Eva Sturm (Hg.), Dürfen die das? Kunst als sozialer Raum (Museum zum Quadrat Bd. 13), Wien 2004, S. 198–211, hier S. 199.

2 Friedrich Waidacher, Handbuch der Allgemeinen Museologie, Wien, Köln, Weimar 1999, S. 76.

lohnt sich daher ein Blick zurück auf die geschichtliche Entwicklung.

Von Opfervorsteher_innen zu Wissensvermittler_innen im antiken Mouseion

Der Begriff des Museums stammt aus der griechischen Antike. Das Mouseion ist ein Tempel, der den Musen geweiht ist, den Schutzgöttinnen der Künste und Wissenschaften, und beides spielt dort eine Rolle. Die Schatzhäuser der antiken Tempel beherbergen zu dieser Zeit künstlerisch gestaltete Weihegeschenke, Opfergaben und bemerkenswerte Objekte aus der Natur. Ein Opfervorsteher trägt alle Objekte in ein Register ein, verwaltet sie und lässt sie nötigenfalls auch restaurieren. Die Objekte werden allerdings nicht aus ästhetischen oder historischen Gründen gesammelt und die Sammlungen sind nicht frei zugänglich, weshalb man nicht von einem Museum im heutigen Sinn sprechen kann.[3]

Im dritten Jahrhundert vor Christus berichten Quellen über Sammlungen in Alexandria zu Forschungs- und Lehrzwecken.[4] Dieses Mouseion ist eine Art von Universität mit angeschlossener Bibliothek. Die Weitergabe, also die Vermittlung von Wissen ist ein wesentlicher Faktor. Die römische Antike orientiert sich dann stark an der griechischen Kultur. In Rom werden als Ausdruck des Triumphes über die Griechen im öffentlichen Raum zahlreiche griechische Kunstgegenstände aufgestellt. Eigene Aufseher_innen kümmern sich um ihre Erhaltung und Pflege und geben Auskunft über die Werke.[5]

3 Vgl. ebenda.
4 Vgl. ebenda, S. 76–77.
5 Ebenda, S. 78.

Kirchliche Sammlungen – Vermittlung im liturgischen Kontext

Die Kirche sammelt während ihrer ganzen Geschichte Kunst, Reliquien und Weihegaben. Diese dienen der Vermittlung religiöser Inhalte und Lehren, aber auch der Machtdemonstration.[6] Die mittelalterlichen Kirchenschätze sind der Öffentlichkeit nur zugänglich, sofern sie in liturgischem Gebrauch stehen. Dadurch werden sie in einen Bedeutungskontext gestellt, der als eine Form von Vermittlung gesehen werden kann.[7] Die Vermittlung vollzieht sich im Gebrauch der Objekte; sie sind noch in Funktion, was in Museen nicht mehr der Fall ist.

Kunst- und Wunderkammern – Zutritt verschaffen zu fürstlichen Sammlungen

In den Kunst- und Wunderkammern der Renaissance tritt erstmals neben dem Sammeln der für das heutige Verständnis von Museen wichtige Aspekt des Ordnens und Kategorisierens des Gesammelten hervor. Die fürstlichen Sammler_innen haben den Anspruch, einen Überblick über die gesamte Wissenschaft und das Wissen ihrer Zeit zu geben.[8] Diese Kunst- und Wunderkammern dienen einerseits der Repräsentation und Machtdemonstration ihrer Besitzer_innen, andererseits aber auch dem ästhetischen Genuss und der Bildung. 1565 verfasst der Belgier Samuel von Quiccheberg das erste theoretische Werk zur Museologie.[9] Darin sieht er neben dem Sammeln und Bewahren

6 Lisa Spanier, Kunst- und Kulturvermittlung im Museum. Historie – Bestandsaufnahme – Perspektiven, Düsseldorf 2014, S. 23.

7 Friedrich Waidacher, Handbuch der Allgemeinen Museologie, Wien, Köln, Weimar 1999, S. 78–79 sieht allerdings in den mittelalterlichen Kirchenschätzen aufgrund ihrer rituellen Verwendung keine Sammlungen im musealen Sinn.

8 Lisa Spanier, Kunst- und Kulturvermittlung im Museum. Historie – Bestandsaufnahme – Perspektiven, Düsseldorf 2014, S. 24.

9 Samuel Quiccheberg, Inscriptiones vel Tituli Theatri Amplissimi, 1565.

die Aufgabe des Museums ausdrücklich darin, eine unabhängige Bildungsstätte zu sein.[10] Erzherzog Ferdinand II. von Tirol trägt eine der bedeutendsten derartigen Sammlungen in Schloss Ambras bei Innsbruck zusammen. 1603 lässt er dafür einen Katalog in deutscher Sprache anfertigen, der als der erste illustrierte Museumsführer Europas angesehen werden kann und somit ein Beispiel medialer Vermittlung darstellt.[11] Die Sammlungen der Kunst- und Wunderkammern sind jedoch nicht allgemein zugänglich und in privatem Besitz. Man kann sie nur in Begleitung der Sammler_innen oder Kustod_innen besuchen, die gleichzeitig die Rolle der Aufseher_innen und Vermittler_innen einnehmen. Sie verschaffen den Besucher_innen Zugang zu den Räumen, führen sie durch die Sammlung und erzählen die Geschichten zu den Objekten.

Im Laufe des 16. Jahrhunderts ändert sich das Weltbild – die Entwicklung der modernen Naturwissenschaften beginnt. Das wissenschaftliche Interesse nimmt allgemein zu und es entstehen Sammlungen im Rahmen von Akademien und Universitäten, aber auch Naturalienkabinette und botanische Gärten.[12] Vermittlung und Lehre fallen hier in eins.

Wissenschaftliche Sammlungen für ein gebildetes Publikum

Im ausgehenden 17. und 18. Jahrhundert erhalten im Zuge der Aufklärung breitere Gesellschaftskreise die Möglichkeit, die

10 Lisa Spanier, Kunst- und Kulturvermittlung im Museum. Historie – Bestandsaufnahme – Perspektiven, Düsseldorf 2014, S. 24, Anmerkung 18 bezieht sich hierbei auf Hildegard Vieregg, Vorgeschichte der Museumspädagogik, dargestellt an der Museumsentwicklung in den Städten Berlin, Dresden, München und Hamburg bis zum Beginn der Weimarer Republik, Münster, Hamburg 1991.

11 Friedrich Waidacher, Handbuch der Allgemeinen Museologie, Wien, Köln, Weimar 1999, S. 83.

12 Ebenda, S. 82–83.

fürstlichen Sammlungen zu Zwecken der Bildung und Wissenschaft zu besuchen. Es entstehen erste öffentliche Museen, die allerdings nur zu bestimmten Zeiten für gewisse Besucherkreise zugänglich sind, und zwar für Adelige, wohlhabende und gebildete Bürger sowie Gelehrte.[13] Im 18. Jahrhundert ändert sich außerdem die Art des Sammelns und Zeigens. Ging es den Wunderkammern eher um einzigartige Objekte, so verlagert sich der Schwerpunkt in den folgenden Jahrhunderten dahin, viele vergleichbare Objekte zu sammeln und in Serien zu zeigen. Es kommt zu einer Klassifizierung und zeitlichen Einordnung der Objekte, die es den Besucher_innen erlaubt, durch vergleichende Beobachtung selbst Schlüsse aus dem Dargebotenen zu ziehen. Nicht die Sammler_innen und ihr einzigartiger Besitz sind zentral, sondern die Übersicht und Vergleichbarkeit von Objekten und deren Funktion. Die Sammlungen erhalten dadurch zunehmend wissenschaftlichen Charakter und werden zu einem Fixpunkt für Bildungsreisende.[14] Die Personen der Sammler_innen und ihre persönlichen Geschichten, ihr persönliches Verhältnis zu den gezeigten Gegenständen verlieren an Bedeutung. Immer mehr Besucher_innen ziehen es vor, die Objekte »ungestört« zu betrachten.[15] Die personale Vermittlung in diesen Museen wird von männlichen Fachleuten mit wissenschaftlichem Hintergrund durchgeführt. Sie vermitteln die Inhalte der Ausstellungen an ein gebildetes adeliges und bürgerliches Publikum.[16]

---

13 Vgl. ebenda, S. 86

14 Monika Sommer, Museologie und Museumsgeschichten, in: Schnittpunkt et al. (Hg.), Handbuch Ausstellungstheorie und praxis, Wien, Köln, Weimar 2013, S. 13-21, hier S. 14.

15 Anke te Heesen, Theorien des Museums zur Einführung, Hamburg 2012, S. 47.

16 Carmen Mörsch, Am Kreuzungspunkt von vier Diskursen: Die documenta 12 Vermittlung zwischen Affirmation, Reproduktion, Dekonstruktion und Transformation, in: Carmen Mörsch, Forschungsteam documenta 12 Vermittlung (Hg.), Kunstvermittlung 2. Zwischen kritischer Praxis und Dienstleistung auf der documenta 12, Zürich, Berlin 2009, S. 9–33, hier S. 15.

Die Öffnung der Museen zu einer gesellschaftlichen Bildungsstätte

Eine wichtige Neuerung des ausgehenden 18. Jahrhunderts ist die Öffnung der Museen für zahlende Besucher_innen jeden Standes zu geregelten Öffnungszeiten. Als Folge der Französischen Revolution werden die königlichen Sammlungen im Louvre neu geordnet und 1793 der Bevölkerung zugänglich gemacht.[17] Erstmals wird die Institution Museum hier vom Volk getragen mit dem ausdrücklichen Ziel, eine gesellschaftliche Bildungsstätte zu sein. Es kommt zu einer Funktionalisierung der Sammlung für nationale und politische Zwecke.[18] Die Vermittlung wird instrumentalisiert, um die »richtige« Deutung der Kunstwerke im Sinne der nationalen Idee zu gewährleisten. Dies erfolgt durch personale Vermittlung und schriftliche Erklärungen. Die politische Deutung soll dabei die gewaltsame Aneignung der Werke durch Enteignung, Eroberungskriege und Kolonialisierung rechtfertigen. Zugleich sucht das Bürgertum sich durch Bildung von anderen Bevölkerungsgruppen abzuheben und konstituiert dadurch eine Hegemonie.[19]

Weitere charakteristische Änderungen sind zu erkennen. So erfolgt die Hängung der Werke in chronologischer Reihenfolge

---

17 Anke te Heesen, Theorien des Museums zur Einführung, Hamburg 2012, S. 48–49 bezieht sich hierbei auf Bénédicte Savoy, Zum Öffentlichkeitscharakter deutscher Museen im 18. Jahrhundert, in: Bénédicte Savoy (Hg.), Tempel der Kunst. Die Geburt des öffentlichen Museums in Deutschland 1701–1815, Mainz 2006, S. 9–26.

18 Anke te Heesen, Theorien des Museums zur Einführung, Hamburg 2012, S. 49.

19 Gottfried Fliedl, Der Bildungsauftrag des Museums. Zur historischen Begründung der »Didaktisierung« des Museums. Ein Beitrag zur Entwicklung eines didaktischen Rahmens für das Museumswesen, unveröffentlichter Forschungsbericht, Klosterneuburg, Wien 1988, zitiert bei Eva Sturm, Woher kommen die Kunst-VermittlerInnen? Versuch einer Positionsbestimmung, in: Stella Rollig, Eva Sturm (Hg.), Dürfen die das? Kunst als sozialer Raum (Museum zum Quadrat Bd. 13), Wien 2004, S. 198–211, hier S. 199–200.

und nach nationalen Schulen geordnet. Außerdem werden erstmals in der Geschichte Objektbeschriftungen angebracht und Sammlungskataloge gedruckt.[20] Die Differenzierung des Wissens in unterschiedliche Bereiche spiegelt sich in der Einrichtung von Spezialmuseen.[21] Seit dieser Zeit bleiben die Kernaufgaben des Museums – Sammeln, Konservieren, Forschen und Vermitteln – unverändert. Der damalige Bildungsauftrag zielt in eine ganz bestimmte Richtung und entspricht nicht dem Anspruch auf Objektivität. So dienen zum Beispiel die geplünderten Objekte aus aufgelassenen Kirchen, Klöstern und Adelshäusern in ihrer chronologischen Anordnung zur Veranschaulichung der französischen Geschichte und sollen den »Besitzanspruch der Allgemeinheit auf das nationale Erbe« rechtfertigen.[22]

Nationalmuseen, soziales Engagement und Frauen als Vermittlerinnen

Das 19. Jahrhundert ist geprägt von der Etablierung staatlicher Nationalmuseen in eigens dafür errichteten Museumsbauten. Der Anspruch, nationale Gründungsgeschichten zu verbreiten, um in der Gesellschaft ein Nationalbewusstsein zu entwickeln, bedarf gezielter Vermittlungsaktivitäten.[23]

---

20 Lisa Spanier, Kunst- und Kulturvermittlung im Museum. Historie – Bestandsaufnahme – Perspektiven, Düsseldorf 2014, S. 25 bezieht sich auf Dolores Denaro, Gedanken zum Verhältnis zwischen Museum und Öffentlichkeit, in: Thomas Dominik Meier, Hans Rudolf Reust (Hg.), Medium Museum. Kommunikation und Vermittlung in Museen für Kunst und Geschichte, Bern, Stuttgart, Wien 2000, S. 19–31.

21 Friedrich Waidacher, Handbuch der Allgemeinen Museologie, Wien, Köln, Weimar 1999, S. 93.

22 Monika Sommer, Museologie und Museumsgeschichten, in: Schnittpunkt et al. (Hg.), Handbuch Ausstellungstheorie und praxis, Wien, Köln, Weimar 2013, S. 17.

23 Carmen Mörsch, Zeit für Vermittlung, Was ist Kulturvermittlung?, http://

Die viel diskutierte Frage, ob Museen in erster Linie für Fachleute oder für interessierte Laien sammeln und ausstellen, führt letztendlich zu einer Trennung von Schausammlung und Studiensammlung beziehungsweise Depot.[24] Viele Museen sind mit Universitäten und Akademien verbunden. Ihre Sammlungen dienen Forschung und Lehre. Zudem haben sie den Anspruch, Bildungs- und Erziehungsanstalten für das aufstrebende Bürgertum zu sein. Dies bedeutet eine etwas andere, weniger wissenschaftliche Ausrichtung und ist mitunter schwer zu vereinbaren.[25] Hieraus ergibt sich die Tendenz, die gezeigten Objekte in einem ausgewählten Zusammenhang auszustellen, da sie für sich genommen für Laien nicht aussagekräftig genug sind. Man entwickelt Präsentationsformen in szenischen Zusammenhängen wie Dioramen, Stuben oder so genannten »period rooms«, in denen Möbel, Gemälde, Teppiche und Tapeten aus einer Epoche zusammengestellt werden. Hinter diesen Tendenzen steht die Überzeugung, die ausgestellten Objekte seien nicht allein durch Kontemplation oder systematische Aufstellung entschlüsselbar, sondern bedürften einer Vermittlung und Kontextualisierung.[26]

Seit der Mitte des 19. Jahrhunderts sind die großen Museen in London für alle Gesellschaftsschichten zugänglich. Außerdem etablieren sich in England so genannte »Philantropic Galleries«, in denen Sozialreformer_innen, Geistliche und Künstler_innen versuchen, Arbeiter_innen und Besitzlosen Kunst als Bestandteil eines gelungenen Lebens aufzuzeigen. Manche Einrichtungen wie die South London Gallery entstehen auch aus der Arbeiter-

---

www.kultur-vermittlung.ch/zeit-fuer-vermittlung/v1/?m=0&m2=1&lang=d, abgerufen am 12.2.2018.

24 Monika Sommer, Museologie und Museumsgeschichten, in: Schnittpunkt et al. (Hg.), Handbuch Ausstellungstheorie und -praxis, Wien, Köln, Weimar 2013, S. 16–17.

25 Anke te Heesen, Theorien des Museums zur Einführung, Hamburg 2012, S. 53.

26 Ebenda, S. 63 und 71.

bewegung heraus.[27] So genannte »Guides« und »Demonstrators« haben die Aufgabe, der einfachen Bevölkerung im Zuge von Führungen die Objekte näherzubringen. Neben der Weitergabe von Inhalten geht es dabei auch um die Vermittlung der »richtigen« Verhaltensweisen in einem Museum.[28] Dies kann durchaus als Teil der Disziplinierung der wachsenden Schicht von Arbeiter_innen im Sinne bürgerlicher Lebenskonzepte gesehen werden. Entsprechende Richtlinien beziehen sich auf das Verhalten gegenüber den Objekten, den anderen Besucher_innen und den Vermittler_innen. So beschreibt der Curator in Charge bei der Eröffnung des People's Pallace in Glasgow Green im Zuge der Weltausstellung 1898 seine Probleme mit Besucher_innen aus dem Arbeitermilieu, die in der Ausstellung auf den Boden spucken, oder mit sich laut verhaltenden jungen Menschen und Personen, die nicht die nötige Distanz zu den Objekten wahren. Als eine Herausforderung ihres Berufes verweisen die seit den 1890er Jahren in Großbritannien tätigen Museum Instructors auf die Aufgabe, die Gruppe der Besucher_innen zusammenhalten und die Aufmerksamkeit auf sich oder den Ausstellungsgegenstand zu lenken.[29]

---

27 Carmen Mörsch, Zeit für Vermittlung, Was ist Kulturvermittlung?, http://www.kultur-vermittlung.ch/zeit-fuer-vermittlung/v1/?m=0&m2=1&lang=d, abgerufen am 12.2.2018.

28 Nora Sternfeld, Der Taxispielertrick. Vermittlung zwischen Selbstregulierung und Selbstermächtigung, in: schnittpunkt – Beatrice Jaschke, Charlotte Martinez-Turek, Nora Sternfeld (Hg.), Wer spricht? Autorität und Autorschaft in Ausstellungen, Wien 2005, S. 15–33, hier S. 18–19 bezieht sich hier auf Tony Bennet, The Birth of the Museum. History, Theory, Politics, London, New York 1995.

29 Oliver Machart, Die Institution spricht. Kunstvermittlung als Herrschafts- und als Emanzipationstechnologie, in: schnittpunkt – Beatrice Jaschke, Charlotte Martinez-Turek, Nora Sternfeld (Hg.), Wer spricht? Autorität und Autorschaft in Ausstellungen, Wien 2005, S. 34–56, hier S. 36–38 zitiert Tony Bennet, Culture. A Reformer's Science, London, Thousand Oaks, New Delhi 1998, S. 208.

Gegen Ende des 19. Jahrhunderts finden sich erstmals Frauen aus dem Bürgertum als Vermittlerinnen in Museen. Eine Tätigkeit in der Bildung und Wohlfahrt ist damals für Frauen die einzige gesellschaftlich geduldete Möglichkeit, am Arbeits- und Erwerbsleben teilzunehmen. Ziel der Vermittlungstätigkeit ist es, das Proletariat zu einem bürgerlichen Kulturverständnis zu erziehen. Es herrscht die Ansicht vor, Proletarier seien von ihrem Entwicklungsstand her wie Kinder zu behandeln. Da Kindererziehung nach damaligem Verständnis Frauensache ist, fällt diese Aufgabe auch im Museum den Frauen zu.[30] Es erübrigt sich hervorzuheben, dass die weiblichen Vermittlerinnen ihren männlichen Kollegen nicht gleichgestellt sind.

Kunstvereine und ihr Einfluss auf die museale Vermittlung

Seit dem Ende des 18. Jahrhunderts kommt es in vielen Städten, vor allem im deutschsprachigen Raum, zur Gründung von Kunstvereinen, die explizit Vermittlungsarbeit leisten. Es handelt sich dabei um bürgerliche Vereinigungen, die in Form von Ausstellungen, Vorträgen und Diskussionen das Bedürfnis nach Bildung, Austausch und Abgrenzung gegenüber anderen Schichten bedienen. Sie benötigen dafür eigens ausgebildete Kunstexpert_innen, die die neue Profession der Vermittlung begründen. Diese Aktivitäten beeinflussen auch die Vermittlung in Museen. Kunstmuseen legen im Gegensatz zu den Kunstvereinen zu dieser Zeit ihren Schwerpunkt eher auf die Freude am Schönen als auf das Lernen.[31]

---

30 Carmen Mörsch, Am Kreuzungspunkt von vier Diskursen: Die documenta 12 Vermittlung zwischen Affirmation, Reproduktion, Dekonstruktion und Transformation, in: Carmen Mörsch, Forschungsteam documenta 12 Vermittlung (Hg.), Kunstvermittlung 2. Zwischen kritischer Praxis und Dienstleistung auf der documenta 12, Zürich, Berlin 2009, S. 9–33, hier S. 15.

31 Lisa Spanier, Kunst- und Kulturvermittlung im Museum. Historie – Bestandsaufnahme – Perspektiven, Düsseldorf 2014, S. 26–27.

Die bürgerlichen Bestrebungen führen teilweise zu einer Spaltung in der Gesellschaft. Während das Bürgertum sich kulturell bildet und in die Tradition einer Nationalkultur stellt, bleibt die Arbeiterschicht oft ausgeschlossen und wird als »traditionslos« dargestellt. Mitte des Jahrhunderts zieht dieser Zustand jedoch zunehmend Kritik auf sich.[32]

Die Kunstgewerbebewegung und die Verbesserung des Volksgeschmacks

Die Kunstgewerbebewegung Mitte des 19. Jahrhunderts fordert Geschmacksbildung und Erziehung für das Volk, wobei aber stets der Gesichtspunkt einer Steigerung des wirtschaftlichen Erfolgs eine Rolle spielt. Es kommt zur Gründung von Kunstgewerbemuseen. Ihre Aufgaben soll es sein, die historische Entwicklung der Kunstindustrie zu vermitteln, Vorbilder für Handwerker bereitzustellen, verlorene technische Verfahren wiederzubeleben und die Möglichkeit zu schaffen, Erzeugnisse der modernen Kunstindustrie auszustellen.[33] Vermittlung wird damit zu einem erklärten Ziel der Institutionen, die unter anderem Fortbildungsveranstaltungen anbieten. Allgemein herrscht die Meinung, das Volk müsse zur Verbesserung des allgemeinen Volksgeschmacks an das Museum und an die Kunst herangeführt werden. Georg Hirth glaubt 1902, die Kunstdidaktik sei nur so lange nötig, bis das Publikum kunstverständig genug sei und den Schlüssel zur verschlossenen Pforte des Kunsttempels besitze.[34] Das Ziel dieser

32 Charmaine Liebertz, Kunstdidaktische Aspekte in der Museumspädagogik. Entwicklung und Gegenwart, Weinheim 1988, S. 27.

33 Justus Brinckmann, Aufsatz in den vaterländischen Blättern der Hamburger Nachrichten, 1866, in: Alfred Lichtwark, Justus Brinckmann in seiner Zeit. Hamburg 1978, zitiert bei Charmaine Liebertz, Kunstdidaktische Aspekte in der Museumspädagogik. Entwicklung und Gegenwart, Weinheim 1988, S. 32.

34 Georg Hirth, Kleine Schriften. Wege zur Kunst, Bd. 1, München 1887, S. 149,

Bemühungen liegt jedoch weniger im musealen oder kunsterzieherischen Bereich, sondern in der Verfolgung nationaler Ziele und wirtschaftlicher Kapazitätssteigerung.[35]

Daneben engagieren sich manche Museen auch sozial. So bietet das 1872 eröffnete Bethnal Green Museum in London Waschgelegenheiten und Speiseräume für Menschen aus der Arbeiterklasse. Im Sinne eines ästhetischen Humanismus sollen dadurch Schäden als Folge der Industrialisierung aufgefangen werden.[36]

Die Welt ausstellen, vermitteln und verkaufen

Neben den musealen Präsentationen finden sich im 19. Jahrhundert erstmals auch Gewerbe- und Industrieausstellungen. Ihren Höhepunkt erreichen sie in den Weltausstellungen ab der Mitte des 19. Jahrhunderts. Ziel ist es einerseits, Innovationen vorzustellen und den Welthandel zu stimulieren, andererseits sollen sie aber auch Wissen vermitteln und den Geschmack bilden. Außerdem dienen sie als Vorbilder- und Mustersammlungen für Industrie und Handwerk.[37] Darüber hinaus gibt es begleitend zu naturwissenschaftlichen Kongressen, die neue Entdeckungen und deren Anwendungen vorstellen, regelrechte Wissenschaftsausstellungen, die diese Erkenntnisse auch dem Volk nahebringen sollten. Werbung und Aufklärung gehen hier Hand in Hand. Die

---

zitiert bei Charmaine Liebertz, Kunstdidaktische Aspekte in der Museumspädagogik. Entwicklung und Gegenwart, Weinheim 1988, S. 27.

35 Charmaine Liebertz, Kunstdidaktische Aspekte in der Museumspädagogik. Entwicklung und Gegenwart, Weinheim 1988, S. 28.

36 Vgl. ebenda, S. 34–35 und Eva Sturm, Woher kommen die Kunst-VermittlerInnen? Versuch einer Positionsbestimmung, in: Stella Rollig, Eva Sturm (Hg.), Dürfen die das? Kunst als sozialer Raum (Museum zum Quadrat Bd. 13), Wien 2004, S. 198–211, hier S. 200.

37 Lisa Spanier, Kunst- und Kulturvermittlung im Museum. Historie – Bestandsaufnahme – Perspektiven, Düsseldorf 2014, S. 27–28.

Inhalte werden mithilfe von Schautafeln und Modellen veranschaulicht. Es gibt Kataloge, Objekttexte und Führungen durch die Ausstellung durch angestelltes Personal. Mit der Zeit wird immer größerer Wert auf die Vermittlung der Inhalte gelegt.[38]

Diese nur für kurze Zeit gezeigten und somit stets aktuellen Präsentationen bewirken, dass die Ausstellungen in den Museen im Vergleich dazu verstaubt und altmodisch wirken. Es entsteht das Bedürfnis nach einer Museumsreform.[39] Außerdem wird kritisiert, die Museen seien zu stark an der Wissenschaft und ihrer Systematik orientiert und gingen zu wenig auf die Bedürfnisse und die Lebensrealität der Besucher_innen ein.[40] Die Reformbestrebungen, die sich daraus ergeben, gehen in verschiedene Richtungen.

Die Kunsterzieherbewegung – Anleitung zum selbständigen Schauen

Alfred Lichtwark, Kunsterzieher und Direktor der Hamburger Kunsthalle, fordert um die Wende zum 20. Jahrhundert, Museen in Bildungsstätten zu transformieren.[41] Er sieht diese Aufgabe vor allem in Zusammenarbeit mit Schulen und gründet 1896 die »Lehrervereinigung zur Pflege der künstlerischen Bildung in der

38 Anke te Heesen, Theorien des Museums zur Einführung, Hamburg 2012, S. 91–95 bezieht sich hier auf Alfons Paquet, Das Ausstellungsproblem in der Volkswirtschaft, Jena 1908. Teilweise entstanden aus den Exponaten dieser Ausstellungen neue Museen, wie zum Beispiel das Berliner Hygiene-Museum.

39 Anke te Heesen, Theorien des Museums zur Einführung, Hamburg 2012, S. 89. Die Aktualisierungsbestrebungen können auch in Zusammenhang mit dem Jugendstil gesehen werden, der sich bewusst gegen die Rückwärtsgewandtheit des Historismus richtet.

40 Friedrich Waidacher, Handbuch der Allgemeinen Museologie, Wien, Köln, Weimar 1999, S. 110.

41 Monika Sommer, Museologie und Museumsgeschichten, in: Schnittpunkt et al. (Hg.), Handbuch Ausstellungstheorie und praxis, Wien, Köln, Weimar 2013, S. 17.

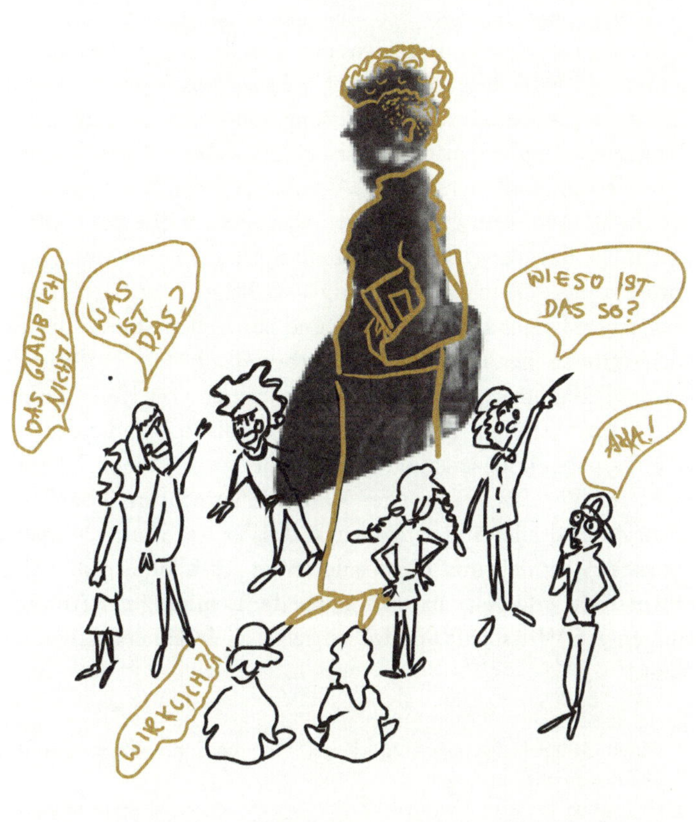

PädagogInnen

Illustration: Valerie Tiefenbacher

Schule«. Später weitet er seine Bemühungen auch auf andere Alters- und Gesellschaftskreise aus. Seine Publikation »Übungen in der Betrachtung von Kunstwerken« stellt eine praktische Anleitung zur Kunstbetrachtung mit Schüler_innen dar.[42] Es geht ihm ausdrücklich um die Vermittlung von Methoden, die durch das gezielte Stellen von Fragen zu einem selbständigen Schauen führen sollen, und nicht um die Vermittlung von kunstgeschichtlichem Wissen. Kunst ist für Lichtwark eine Sache des Gefühls und nicht des Verstandes. Empfindung und Genuss stehen im Vordergrund.[43] Auch sieht er es als wichtig an, in der Vermittlung einen Bezug zur Gegenwart und zur Lebensrealität der Besucher_innen herzustellen. Die Verbesserung der sprachlichen Ausdrucksfähigkeiten und das Kennenlernen von Kunstwerken sind weitere Effekte.[44] Lichtwark wird oft als Begründer der Museumspädagogik bezeichnet. Die von ihm angebotenen Formate umfassen Vorträge, Führungen und Bildbetrachtungsübungen.[45] Kritisch wird allerdings angemerkt, dass er im Sinne nationaler Interessen handelt und nicht zuletzt die Ausbildung von Volksbewusstsein und Nationalstolz sowie die Erfüllung der Anforderungen von Wirtschaft und Industrie als Ziele seiner Aktivitäten sieht.[46]

---

42 Alfred Lichtwark, Übungen in der Betrachtung von Kunstwerken, 3. Auflage, Dresden 1900, S. 13.

43 Charmaine Liebertz, Kunstdidaktische Aspekte in der Museumspädagogik. Entwicklung und Gegenwart, Weinheim 1988, S. 37 zitiert Alfred Lichtwark, Künstlerische Bildung auf örtlicher und volklicher Grundlage, in: W. Mannhardt (Hg.), Alfred Lichtwark. Eine Auswahl seiner Schriften, Bd. 1, Berlin 1917, S. 28 und Irene Below, Neuere kunstpädagogische Konzepte als Herausforderung an Museen und Ausstellungsinstitute – 4 Thesen, in: Kritische Berichte, H. 1, Marburg 1973, S. 97.

44 Alfred Lichtwark, Übungen in der Betrachtung von Kunstwerken, 3. Auflage, Dresden 1900, S. 28.

45 Lisa Spanier, Kunst- und Kulturvermittlung im Museum. Historie – Bestandsaufnahme – Perspektiven, Düsseldorf 2014, S. 28.

46 Charmaine Liebertz, Kunstdidaktische Aspekte in der Museumspädagogik. Entwicklung und Gegenwart, Weinheim 1988, S. 32.

Museums-Reform-Bewegungen – Beteiligung auf breiter Basis

Neben dem Ansatz Lichtwarks gibt es in der Kunsterzieherbewegung noch andere reformpädagogische Bestrebungen, die sich um die Vermittlung in Museen und Ausstellungen bemühen. Ihnen geht es darum, die produktiven Kräfte von Kindern, Phantasie, Kreativität und eigenes Empfinden zu fördern; dabei verstehen sie ihr Wirken gerade gegen die genannten Interessen des Staates und gegen die bestehende soziale Hierarchisierung gerichtet.[47]

Die Idee, Museen auch für den Schulunterricht intensiv zu nutzen, findet sich ebenfalls in Großbritannien. Davon zeugt ein englisches Gesetz von 1895, das regelt, dass die Zeit, die Schüler in Begleitung eines Lehrers in einem Museum verbringen, als Schulstunden angerechnet wird.[48]

Die preußische Zentralstelle für Arbeiterwohlfahrtseinrichtungen bietet zwischen 1891 und 1903 Führungen für Arbeiter_innen und Kinder an. Anspruch ist es auch hier, ihren Bildungsstand zu heben, zugleich soll dies der Erholung dienen und Vergnügen bereiten. »Anregen, interessieren, bilden und belehren, ohne daß letzteres zu sehr empfunden wird«, sowie die Überzeugung vermitteln, das Leben habe einen edleren Zweck, wird bei einer Tagung in Mannheim 1903 als Ziel der Führungen formuliert.[49] Dort wird auch mit Blick auf die Vermittler_innen festgehalten, dass Laien mit »volkstümlicher Sprache« und »warmem Herzen« oft mehr Aufmerksamkeit durch das Volk geschenkt

---

47 Eva Sturm, Woher kommen die Kunst-VermittlerInnen? Versuch einer Positionsbestimmung, in: Stella Rollig, Eva Sturm (Hg.), Dürfen die das? Kunst als sozialer Raum (Museum zum Quadrat Bd. 13), Wien 2004, S. 198–211, hier S. 200 zitiert Charmaine Liebertz, Kunstdidaktische Aspekte der Museumspädagogik. Entwicklung und Gegenwart. Weinheim 1988.

48 Charmaine Liebertz, Kunstdidaktische Aspekte in der Museumspädagogik. Entwicklung und Gegenwart, Weinheim 1988, S. 64.

49 Schriften der Zentralstelle für Arbeiterwohlfahrtseinrichtungen: Die Museen als Volksbildungsstätten, Bd. 25, Berlin 1904, S. 44, 50, 54 und 114, zitiert nach ebenda, S. 40.

werde als gelehrten Fachleuten.[50] Die intensiven Bemühungen mancher Museen um die Arbeiterschicht werden jedoch nicht von allen Museumsfachleuten unterstützt und sind Gegenstand kontroverser Debatten. So schreibt selbst Alfred Lichtwark in einem Zeitungsartikel, er halte die künstlerische Erziehung des Volkes für »überflüssig«.[51]

Demgegenüber bringen Reformbestrebungen den Amerikaner John Cotton Dana am Anfang des 20. Jahrhunderts dazu, Museen in Analogie zu Bibliotheken als Serviceeinrichtungen zu verstehen. Dabei sollen museale Objekte der Gesellschaft zwar in Form von Ausstellungen zur Verfügung gestellt werden, Dana möchte aber weg von den »gazing museums«, in denen Besucher_innen auf das Betrachten der Objekte reduziert werden. Ihm schweben neue Museumsmethoden vor, in denen die Beteiligung von Relevanz ist. Das Museum als »Institut visueller Anleitung« ist für ihn ein Ort der Kommunikation und Interpretation.[52]

Einen ganz neuen Ansatz von interaktiver Vermittlung in Form von Mitmach-Stationen stellt Oskar von Miller 1903 im Technischen Museum München vor. Dieses Prinzip wird zum Vorbild fast aller technischen Museen der Welt, bis hin zu dem 1969 gegründeten Exploratorium in San Francisco, das ganz auf Originalobjekte verzichtet und den Typus des Science Centers begründet.[53] Die neuartige, besucherorientierte Vermittlungsarbeit wird in Zusammenarbeit mit dem Pädagogen Georg Kerschensteiner entwickelt, der die Handlungsorientierung anstelle der Wissensvermittlung ins Zentrum rückt. Er und die Anhänger

50 W. Bomann, Das vaterländische Museum in Celle, in: Schriften der Zentralstelle für Arbeiterwohlfahrtseinrichtungen: Die Museen als Volksbildungsstätten, Bd. 25, Berlin 1904, S. 55, zitiert nach ebenda, S. 42.

51 Gustav Pauli, Diskussionsbeitrag, in: Schriften der Zentralstelle für Arbeiterwohlfahrtseinrichtungen: Die Museen als Volksbildungsstätten, Bd. 25, Berlin 1904, S. 55, zitiert nach ebenda, S. 42.

52 Friedrich Waidacher, Handbuch der Allgemeinen Museologie, Wien, Köln, Weimar 1999, S. 106–107.

53 Vgl. ebenda, S. 96.

des Arbeitsunterrichts sind davon überzeugt, Erkenntnis sei nur begrenzt durch Mitteilung möglich, sondern müsse durch »Erarbeitung« selbst erworben werden.[54] Kerschensteiner geht von der Prämisse aus, dass Kinder aus eigenem Antrieb und aus ihrem natürlichen Interesse am Leben heraus gerne manuelle Tätigkeiten ausüben. Entsprechend will er es der Jugend ermöglichen, ihren »eingeborenen Schaffenstrieb« im Rahmen handwerklicher und schöpferischer Tätigkeiten auszuleben.[55] Die hier formulierten »Prinzipien der Anschauung, des Exemplarischen und der Interaktion« sind nach wie vor zentral für die Vermittlungsarbeit in Museen.[56] Kerschensteiner will den Besucher_innen vermitteln, dass sie für die Leistungen ihrer Vorfahren dankbar sein und ihnen mit Ehrfurcht begegnen sollten.[57]

Eine andere handlungsorientierte Form von Vermittlung, die am Anfang des 20. Jahrhunderts propagiert wird, ist das Zeichnen im Museum. Vor allem in Kunst- und Kunstgewerbemuseen soll das Abzeichnen von Meisterwerken und Ornamenten

54 W. Franke, Kunstbetrachtung und Arbeitsunterricht, in: Fr. Jungbluth (Hg.), Handbuch des Arbeitsunterrichts für höhere Schulen, H. 5, Frankfurt/Main 1925, S. 41–42, zitiert nach Charmaine Liebertz, Kunstdidaktische Aspekte in der Museumspädagogik. Entwicklung und Gegenwart, Weinheim 1988, S. 90.

55 Charmaine Liebertz, Kunstdidaktische Aspekte in der Museumspädagogik. Entwicklung und Gegenwart, Weinheim 1988, S. 59 bezieht sich auf Georg Kerschensteiner, Die Entwicklung der zeichnerischen Begabung. München 1905, S. 505.

56 Lisa Spanier, Kunst- und Kulturvermittlung im Museum. Historie – Bestandsaufnahme – Perspektiven, Düsseldorf 2014, S. 29–30 bezieht sich auf German Denneborg, Grußwort, in: Hannelore Kunz-Ott, Susanne Kudorfer, Traudel Weber (Hg.), Kulturelle Bildung im Museum. Aneignungsprozesse – Vermittlungsformen – Praxisbeispiele (Reihe: Kultur- und Museumsmanagement), Bielefeld 2009.

57 W. Bomann, Das vaterländische Museum in Celle, in: Schriften der Zentralstelle für Arbeiterwohlfahrtseinrichtungen: Die Museen als Volksbildungsstätten, Bd. 25, Berlin 1904, S. 55, zitiert nach Charmaine Liebertz, Kunstdidaktische Aspekte in der Museumspädagogik. Entwicklung und Gegenwart, Weinheim 1988, S. 36.

den Zugang zu den Objekten erleichtern. Dadurch werden die Schüler_innen zu »Mitschaffenden« und »Mitempfindenden«; sie können so Anteil an den Objekten nehmen und erlangen ein besseres Verständnis für sie. Dieser Ansatz wird vor allem auf Kunstgewerbeschulen gepflegt, findet aber keinen Eingang in die allgemeine Praxis.[58]

Anders gelagert sind die Bestrebungen von Artur Hazelius, museale Sammlungen wiederzubeleben. 1891 verwirklicht er sie erstmals in dem Freilichtmuseum Skansen in Stockholm. Kostümierte Führer und Musiker sollen kulturelle und soziale Traditionen erhalten, die mit den ausgestellten Objekten in Zusammenhang stehen.[59] Die Idee solcher belebter Dörfer stammt von den Weltausstellungen, wo schon 1867 erste Pavillons mit nationalen Trachten und Traditionen gezeigt werden.[60] Vergleichbar sind die Überlegungen von Heinrich Pudor, der 1910 meint, man solle das Interesse des Publikums durch eine Lebendigkeit der Darstellung wecken. Er plädiert für Vorführungen alter Handwerkstechniken oder Besuche in Künstlerateliers, um Inhalte lebensnah zu vermitteln.[61] Pudor prägt auch den Begriff des »Gegenwartsmuseums«. Einerseits ist damit die Gründung neuer Museen gemeint, die sich aktuellen Themen widmen, andererseits zielt dies auf eine Reform bestehender Museen ab.[62]

58 Charmaine Liebertz, Kunstdidaktische Aspekte in der Museumspädagogik. Entwicklung und Gegenwart, Weinheim 1988, S. 64–65.

59 Friedrich Waidacher, Handbuch der Allgemeinen Museologie, Wien, Köln, Weimar 1999, S. 97.

60 Anke te Heesen, Theorien des Museums zur Einführung, Hamburg 2012, S. 82–83.

61 Heinrich Pudor, Museumsschulen, in: Zeitschrift Museumskunde 6, 1910, S. 248–253.

62 Anke te Heesen, Theorien des Museums zur Einführung, Hamburg 2012, S. 97.

Professionalisierung, Vernetzung und neue Besucher_innengruppen

Neben Aktualisierungsbestrebungen gibt es Anfang des 20. Jahrhunderts intensive Bemühungen um eine Professionalisierung innerhalb der Museumslandschaft. Gefordert wird eine eigene Ausbildung für Museumsmitarbeiter_innen. Diskutiert wird aber auch, ob Frauen für die Museumsarbeit geeignet seien.[63]

Die Gründung des deutschen Museumsbundes 1917 ist als Folge der Museumsreformbewegung zu sehen.[64] Der Museumsbund sieht in der Förderung museumsdidaktischer Ansätze ein wichtiges Ziel seiner Arbeit. Dazu zählen eine weiträumigere Präsentation der Sammlungen, die Ordnung nach Sachthemen, Objektbeschriftungen, eine bessere Zugänglichkeit der Einrichtungen zum Wochenende, das Angebot von Führungen und Vorträgen sowie eine intensivere Zusammenarbeit mit Schulen.[65] Gustav Pauli, einer der Mitinitiatoren des deutschen Museumsbundes, sieht als zentrale Aufgabe des Museums die Bildung des gesamten Volkes. Damit meint er vor allem bisher noch nicht erreichte Bevölkerungsschichten, wie zum Beispiel Arbeiter_innen und ihre Familien. Es geht seiner Meinung nach darum, erst einmal das Interesse dieser Gruppen am Museum zu wecken. Dafür empfiehlt Pauli Wechselausstellungen mit einem besonderen Bezug zur Gegenwart, aber auch »lichtere Hängungen«,

63 Ausdruck des Bedürfnisses nach fachlichem Austausch war die Gründung der Zeitschrift »Museumskunde« 1905. Monika Sommer, Museologie und Museumsgeschichten, in: Schnittpunkt et al. (Hg.), Handbuch Ausstellungstheorie und praxis, Wien, Köln, Weimar 2013, S. 17.

64 Man kann die Phase der Museumsreform und ihre Suche nach einem zeitgemäßen Museum von 1880 bis 1930 ansetzen. Anke te Heesen, Theorien des Museums zur Einführung, Hamburg 2012, S. 101 bezieht sich auf Alexis Joachimides, Die Museumsreformbewegung in Deutschland und die Entstehung des modernen Museums 1880–1940, Dresden 2001.

65 Lisa Spanier, Kunst- und Kulturvermittlung im Museum. Historie – Bestandsaufnahme – Perspektiven, Düsseldorf 2014, S. 29.

die sich mehr nach ästhetischen als nach Gesichtspunkten der kunsthistorischen Systematik richten. Weniger das Vorwissen der Besucher_innen soll damit angesprochen werden als die individuelle Wahrnehmung jedes Einzelnen.[66] Er stellt die Bedürfnisse der Besucher_innen über den wissenschaftlichen Anspruch des Museums und sieht darin eine Weiterentwicklung des Gelehrtenmuseums des 19. Jahrhunderts, das auf Vollständigkeit der Darstellung und einen kritischen Katalog Wert legt und sich an Kenner_innen wendet.[67]

Der Wiener Otto Neurath ist mit seinem Ansatz für mehr Besucher_innenorientierung noch radikaler als Pauli. »Die Museen der Zukunft werden von den Interessensvertretern der Museumsbesucher organisiert werden müssen und nicht von Spezialisten, die ausstellen wollen, was sie für wichtig halten.«[68] Dies versteht er jedoch nicht als Entprofessionalisierung, sondern im Gegenteil als eine Professionalisierung der Museumsarbeit. Das Museum der Zukunft soll seiner Meinung nach nicht nur neues Wissen an die Besucher_innen weitergeben, sondern ihnen durch die Auswahl und Transformation von relevanten Inhalten helfen, sich in der modernen Wissens- und Industriegesellschaft zurechtzufinden. Wichtig ist ihm dabei auch immer die heute noch viel diskutierte aktuelle gesellschaftliche Relevanz des Gezeigten. Neurath bleibt aber nicht bei diesen theoretischen Überlegungen

66 Anke te Heesen, Theorien des Museums zur Einführung, Hamburg 2012, S. 102; Alexis Joachimides, Die Museumsreformbewegung in Deutschland und die Entstehung des modernen Museums 1880–1940, Dresden 2001, S. 189; Gustav Pauli, Das Kunstmuseum der Zukunft, in: Deutscher Museumsbund (Hg.), Die Kunstmuseen und das Deutsche Volk, München 1919, S. 3–20.

67 Pauli geht in seinen Überlegungen wie viele Theoretiker_innen vom Kunstmuseum aus. Er plädiert deshalb auch dafür, zeitgenössische Kunst in Museen zu zeigen, da sie die »lebendigen Werte der Gegenwart« transportiert. Gustav Pauli, Das Kunstmuseum der Zukunft, in: Deutscher Museumsbund (Hg.), Die Kunstmuseen und das Deutsche Volk, München 1919, S. 6–7.

68 Otto Neurath, Die Museen der Zukunft, in: Rudolf Haller, Robin Kinross (Hg.), Gesammelte bildpädagogische Schriften, Wien 1991, S. 244.

stehen, sondern entwickelt zusätzlich ein ganz eigenständiges System von bildlicher Vermittlung, das versucht, auf Schrift zu verzichten. Er wendet sich damit vor allem an Fabrik- und Landarbeiter_innen sowie an Kinder, die (noch) nicht lesen können, und versucht so den Kreis der potenziellen Museumsbesucher_innen radikal zu erweitern. Neurath begründet damit gemeinsam mit dem Team des von ihm ins Leben gerufenen Gesellschafts- und Wirtschaftsmuseums Wien die so genannte Wiener Methode der Bildstatistik, auch Isotype (International System of Typographic Picture Education) oder Bildpädagogik genannt. Er arbeitet dabei mit Schaubildern und konzipiert Versuchsbilder, die im Museum ausgestellt, an ihrer Vermittlungsleistung gemessen und laufend praxisorientiert weiterentwickelt werden. Ausgangspunkt seiner Überlegungen sind nicht die Objekte einer Ausstellung oder die Absichten der Kurator_innen, sondern ihre Adressat_innen, die Fragen und Wünsche der Besucher_innen. Der Wert eines Museums liegt für ihn nicht in der Einzigartigkeit der Objekte, sondern allein im pädagogischen Wert. Neurath plädiert für so genannte Isotype-Museen, die es mehrfach in gleicher Form geben kann. Die Ausstellungsobjekte sind für ihn Lehrmaterial, das sich in einer variablen Museumsarchitektur immer wieder verändern lässt.[69]

Pädagogische Konzepte und die Forderung nach eigenen Räumen für die Vermittlung

Die Neuerungen im Museumsbereich zielen nicht allein auf mehr Besucher_innen ab, indem neue Gesellschaftsgruppen erschlossen werden. Vielmehr sind sie auch als konzeptuelle Suche nach

69 Angelique Gross, Die Bildpädagogik Otto Neuraths. Methodische Prinzipien der Darstellung von Wissen. Veröffentlichungen des Instituts Wiener Kreis. Heidelberg 2015, S. 65–67; Friedrich Waidacher, Handbuch der Allgemeinen Museologie, Wien, Köln, Weimar 1999, S. 107.

einer neuen pädagogischen Qualität zu sehen. Der Kunsthistoriker und Museumsdirektor Wilhelm Reinhold Valentiner fordert 1919, Kunstpädagogen als Berater von Museumsdirektoren einzubeziehen.[70] Allgemein wird viel über die Zusammenarbeit von Schulen und Museen nachgedacht, wie zum Beispiel die Einführung einer kunsthistorischen Unterrichtsstunde zur Vorbereitung von Museumsführungen für höhere Lehranstalten. In dieser Zeit werden Besuche in Kunstmuseen oft dazu verwendet, dort ausgestellte Werke selbst zeichnerisch umzusetzen. Manchmal direkt vor Ort, teilweise werden die Schüler_innen dazu angehalten, im Museum Skizzen anzufertigen und in der Schule aus den Skizzen die Arbeiten zu reproduzieren oder sie sollen die Kunstwerke völlig aus der Erinnerung in der Schule wiedergeben.[71]

1929 findet in Berlin eine Tagung mit dem Titel »Museum und Schule« statt, die die praktische Zusammenarbeit der zwei Institutionen diskutiert und deren Vorträge 1930 in Buchform veröffentlicht werden. Darin plädiert Franz Hilker für einen eigenen Raum mit Sitzgelegenheiten in Museen, damit Schüler_innen und Erwachsene Kunstwerke in Ruhe betrachten und eventuell auch skizzieren können. Er beruft sich dabei auf amerikanische Vorbilder. Außerdem fordert er »Museumslehrer«, worunter er pädagogisch gebildete Museumsfachleute versteht, die Kindern und Laien künstlerische Werke näherbringen.[72]

Das nationalsozialistische Regime setzt allen Reformbewegungen ein jähes Ende und instrumentalisiert die Bildungsarbeit im Museum für politische Propaganda. Es kommt zur Gründung

70 Wilhelm Reinhold Valentiner, Umgestaltung der Museen im Sinne der neuen Zeit. Berlin 1919, S. 61, zitiert bei Charmaine Liebertz, Kunstdidaktische Aspekte in der Museumspädagogik. Entwicklung und Gegenwart, Weinheim 1988, S. 76.

71 Charmaine Liebertz, Kunstdidaktische Aspekte in der Museumspädagogik. Entwicklung und Gegenwart, Weinheim 1988, S. 121.

72 Ebenda, S. 76 bezieht sich auf Franz Hilker, Schule und Museum, in: Zentralinstitut für Erziehung und Unterricht (Hg.), Museum und Schule, Berlin 1930.

von Kriegsmuseen, zur Erinnerung an die im Krieg Gefallenen.[73] Der Zweite Weltkrieg stellt eine Zäsur dar, von der sich die Museen in Europa nur langsam erholen.

Internationale Zusammenarbeit und ICOM

Im Jahr 1946 wird der Internationale Museumsrat ICOM (International Council of Museums) in Paris gegründet, bereits zwei Jahre später ein Ausschuss für Bildung und Vermittlung eingerichtet, der 1963 in das bis heute existierende Fachkomitee CECA (Committee for Education and Cultural Action) überführt wird.[74] In regelmäßigen Abständen werden internationale Tagungen abgehalten und die Ergebnisse in Tagungsbänden publiziert. Themen sind von Beginn an die Ausbildung von Vermittler_innen in Museen, die Zusammenarbeit von Museen und Lehrer_innen (1954 in London) und die Rolle der Museen für kulturelle Bildung (1952 in Brooklyn). 1970 ist Bildung (»education«) das Thema der ICOM-Generalkonferenz in Grenoble. CECA hat zu dieser Zeit allerdings nur 22 Mitglieder und sieben nationale Correspondents, da nur Personen zugelassen sind, die fest in Museen angestellt sind. Die geringe Teilnehmer_innenzahl spiegelt indirekt die Situation in den Institutionen wider, in denen es äußerst wenige reguläre Stellen für Vermittlung gibt. Eine Änderung der Statuten führt vier Jahre später zu einem Anstieg der Mitglieder auf 300. Ab 1969 erscheint jährlich die Zeitschrift »Museums's Annual«, seit 1975/76 »ICOM Education«. Beginnend mit dem Jahr 1975 finden mit Ausnahme von 1999 jährlich Treffen auf allen Kontinenten statt. Zu den Konferenz-Berichten kommen seit 1997 noch eigene Publikationen zu

73 Charmaine Liebertz, Kunstdidaktische Aspekte in der Museumspädagogik. Entwicklung und Gegenwart, Weinheim 1988, S. 80.

74 Lisa Spanier, Kunst- und Kulturvermittlung im Museum. Historie – Bestandsaufnahme – Perspektiven, Düsseldorf 2014, S. 31.

speziellen Forschungsthemen. Zusätzlich werden regionale Konferenzen veranstaltet.[75]

1977 schließen sich die deutschen Vermittler_innen zur CECA Deutschland zusammen, die 1978 die erste Fachtagung mit dem Titel »Grundlagenforschung zur Museumspädagogik« abhält. Diskutiert werden dabei die Erwartungen der Besucher_innen an die Museumspädagogik, die Kriterien der Qualifikation des Faches als Wissenschaft und Möglichkeiten des fachlichen Austausches.[76]

In Österreich gibt es in der Anfangszeit von CECA praktisch keine in Museen angestellten Vermittler_innen, was die Teilnahme an dem internationalen Netzwerk verhindert. Diese Situation beginnt sich erst Mitte der 1980er Jahre zu verändern.[77] 1996 findet die erste Tagung in Wien statt. Sie steht unter dem Titel »Vor Ort und weltweit – Neue Strategien der Kommunikation im Museum« und widmet sich neuen Technologien, die für die Kommunikation in Museen eine Rolle spielen.[78] 2007 wird eine weitere Konferenz unter dem Titel »Heritage learning matters. Museums and Universal Heritage« in Wien veranstaltet.[79]

Das gestiegene Bewusstsein für die gesellschaftliche Bedeutung von Kultur manifestiert sich auch auf anderer Ebene. Im Jahr 1948 wird die Teilhabe der gesamten Bevölkerung am kulturellen Leben in der Allgemeinen Erklärung der Menschenrechte durch die Vereinten Nationen festgeschrieben. In Artikel 27 heißt es: »Jeder hat das Recht, am kulturellen Leben der Gemeinschaft frei teilzunehmen, sich an den Künsten zu erfreuen und am wis-

75 Nicole Gesche-Koning, ICOM EDUCATION 20. Museums and Education ICOM-CECA Publications 1952–2006, S. 11–12.

76 Lisa Spanier, Kunst- und Kulturvermittlung im Museum. Historie – Bestandsaufnahme – Perspektiven, Düsseldorf 2014, S. 31 zitiert Udo Liebelt, Wie der Hund läuft. Bildung und Kommunikation am Kunstmuseum im Kontext des internationalen Austausches, in: Standbein Spielbein, 84, 2009, S. 20–22.

77 Gespräch mit Hadwig Kräutler am 22.2.2018.

78 Hadwig Kräutler (Hg.), New strategies for communication in museums. Proceedings of ICOM-CECA 96, Wien 1997.

79 http://archives.icom.museum/publications/ceca.html, abgerufen am 12.3.2018.

senschaftlichen Fortschritt und dessen Errungenschaften teilzuhaben.«[80] Im selben Jahr tritt Österreich der UNESCO (United Nations Educational, Scientific and Cultural Organization) bei.

Rolle und Aufgabe von Museen und ihrer Vermittlung

In der DDR steht die Museumspädagogik schon in den 1950er Jahren im Fokus der Aufmerksamkeit. Das Museum wird als wichtiger außerschulischer Bildungsort gesehen. Das verschafft der Vermittlung zwar eine größere Aufmerksamkeit, bedeutet aber in der gegebenen politischen Situation auch weniger inhaltliche Freiheit. Methodisch bleibt man eng an der Schulpädagogik orientiert.[81] Auch die Niederlande sind ein Vorreiter und gründen bereits ab den frühen 1950er Jahren pädagogische Abteilungen an Museen.[82] 1955 fordert die UNESCO, die Museen müssten eine verantwortungsvolle und emanzipatorische Bildungs- und Kulturarbeit leisten, die sich um neue Besucher_innengruppen bemüht und die Qualität von Museumsbesuchen verbessert. In den 1960er Jahren kommt es zu einer Blüte der Vermittlung in vielen europäischen Museen. Das ist nicht zuletzt darauf zurückzuführen, dass öffentliche Museen sich zunehmend in der Situation sehen, ihre Arbeit durch Besucher_innenzahlen legitimieren zu müssen.[83]

---

80 Gabriele Stöger, Museen, Orte für Kommunikation. Einige Aspekte aus der Geschichte der Bildungsarbeit von Museen, in: Josef Seiter, Auf dem Weg. Von der Museumspädagogik zur Kunst- und Kulturvermittlung, Schulheft 111, Wien 2003, S. 20 zitiert die Allgemeine Erklärung der Menschenrechte.

81 Lisa Spanier, Kunst- und Kulturvermittlung im Museum. Historie – Bestandsaufnahme – Perspektiven, Düsseldorf 2014, S. 38–42.

82 Gabriele Stöger, Museen, Orte für Kommunikation. Einige Aspekte aus der Geschichte der Bildungsarbeit von Museen, in: Josef Seiter, Auf dem Weg. Von der Museumspädagogik zur Kunst- und Kulturvermittlung, Schulheft 111, Wien 2003, S. 21.

83 Vgl. ebenda, S. 20.

Die Diskussion um die Rolle und die Aufgaben des Museums und der darin stattfindenden Vermittlung ist ursächlich verbunden mit der Veränderung des Kunstbegriffs. Im Zuge einer Politisierung findet Kunstproduktion zunehmend im gesellschaftlichen und sozialen Raum statt. Darauf reagiert die Kunstdidaktik sowohl in der Schule als auch im Museum mit der Forderung nach »Erziehung zu ästhetischer Kommunikationsfähigkeit«. Diese Fähigkeit – und die damit verbundene Aufgabe – wird in der Folge zunehmend auch gesellschaftskritisch interpretiert. Das »Aufdecken der Reproduktion bürgerlicher Herrschaftsstrukturen in Kunst und Kultur« wird als ein Ziel der visuellen Kommunikation formuliert.[84]

Anfang der 1960er Jahre werden Forderungen nach einer eigenen, »auf den Lernort Museum ausgerichteten Didaktik« laut. Seitens der Politik wird argumentiert, man könne es nicht verantworten, Museen aus öffentlichen Mitteln zu unterstützen, wenn sie nur von einer Minderheit genützt würden. Der Grund für diesen Zustand sei, dass die Mehrheit die »Nutzung dieser Institution Museum« nie gelernt habe.[85] Entsprechend wird immer wieder eine intensive Zusammenarbeit zwischen Museen und Schulen gefordert, so auch von der UNESCO-Kommission 1963. Der Museumsbund empfiehlt lehrplanbezogene Vermittlungsangebote für Museen, die Kontaktaufnahme mit Schulbehörden, Arbeitsgemeinschaften zwischen Museen und Lehrern, die Gestaltung didaktischer Ausstellungen und die Mitarbeit bei museumspädagogischen Fortbildungen von Lehrern.[86] Diese in-

84 Charmaine Liebertz, Kunstdidaktische Aspekte in der Museumspädagogik. Entwicklung und Gegenwart, Weinheim 1988, S. 129.

85 W. Schadendorf, Einige grundsätzliche Überlegungen zum Thema Museum und Schule, in: Landestagung 68 der Bayrischen Kunsterzieher in Nürnberg von 1968, zitiert nach ebenda, S. 126.

86 UNESCO-Kommission (Hg.), Museumsberichte der Deutschen UNESCO-Kommission. Die Öffentlichkeitsarbeit der Museen. Bericht über ein Seminar, das von der Deutschen UNESCO-Kommission und dem Deutschen Nationalkomitee des Internationalen Museumsrates (ICOM) mit Unterstützung

tensive Zusammenarbeit kommt aber in vielen Fällen nicht zustande. Liebertz zitiert eine 1970 an 574 Museen durchgeführte Untersuchung, die ergibt, dass nur 5,9 Prozent der Museen mit Schulen zusammenarbeiten. Erklärt wird dies mit den gegensätzlichen Interessen der beiden Institutionen – Wissenschaftlichkeit versus Didaktik – und der mangelnden Kooperationsbereitschaft der handelnden Personen. Den Museen wird unterstellt, sie würden nur mit Schulen zusammenarbeiten, um ihre Besucherzahlen zu steigern.[87]

Die Öffnung der Museen in den 1970er Jahren und ihre Demokratisierung durch Vermittlung

Gegen Ende der 1960er Jahre fordern viele im Zuge der gesellschaftlichen Umbrüche eine Öffnung und Demokratisierung der Museen. Schwellenängste sollen abgebaut, neue Publikumsgruppen an das Museum herangeführt werden. 1979 veröffentlicht Hilmar Hoffmann das Buch »Kultur für alle – Perspektiven und Modelle«, das zu einem Klassiker sozial engagierter Kulturpolitik wird. Hoffmann ist der Meinung, die Betrachtung von Bildern müsse genauso gelernt werden wie Lesen und Rechnen. Er plädiert dafür, Mal- und Modellierkurse für Erwachsene und Kinder ab dem Vorschulalter im Museum zur Sensibilisierung und Schulung der Wahrnehmung und Kritikfähigkeit anzubieten. Dabei sucht er die Konzepte der visuellen Kommunikation

---

der UNESCO 1963 im Museum Folkwang in Essen veranstaltet wurde, Köln 1964 und A. Grote, Schule und Museum, in: Museumskunde, Bd. 40, H. 2, Berlin, Leipzig 1971, beides zitiert nach ebenda, S. 163.

87 Charmaine Liebertz, Kunstdidaktische Aspekte in der Museumspädagogik. Entwicklung und Gegenwart, Weinheim 1988, S. 166–167 bezieht sich auf F. H. Köhler, Die Struktur der westdeutschen Museen 1972. Koblenzer Beiträge zur Kulturstatistik. Eine Untersuchung aus Anlass der 24. Tagung des Ausschusses »Schul- und Kulturstatistik« im Verband Deutscher Städtestatistiker 1975 in Berlin, Koblenz 1975.

mit der praktischen Eigentätigkeit der Besucher_innen zu verbinden.[88]

Die Öffnung betrifft ebenso die Besucher_innen wie die Inhalte der Ausstellungen. So soll nun auch die Geschichte gesellschaftlicher Randgruppen erzählt werden, Alltagsobjekte finden Eingang in die Sammlungen. Das Museum soll einerseits als Lernort dienen, andererseits gibt es Bestrebungen, objektive Wissensvermittlung durch emotionale Sinnzusammenhänge zu ergänzen. Ein Beispiel dafür ist das Musée Sentimental, ein revolutionäres Ausstellungskonzept des Schweizer Künstlers Daniel Spoerri. Es zeigt in historischen Ausstellungen nicht mehr nur historisch bedeutende Objekte, sondern auch Alltagsgegenstände oder persönliche Erinnerungsstücke, die in Zusammenhang mit dem behandelten Thema stehen.[89]

Die Öffnung der Museen und die Zunahme vermittlerischer Aktivitäten bringt eine Richtungsdiskussion mit sich. Einerseits wird auf die bewahrende Funktion der Museen verwiesen mit ihren Aufgaben Sammeln, Erhalten und Erforschen, andererseits gibt es eine Welle euphorischer Reformbestrebungen. Diese nehmen auch Anleihe an Strömungen in Amerika, die dafür plädieren, Museen eine Vorreiterrolle bei der Veränderung der Gesellschaft einzuräumen.[90] Die traditionelle Auffassung geht davon aus, Ausstellungsobjekte würden von sich aus genügend Anlass und Motivation bieten, dass die Besucher_innen sich im Sinne

88 Hilmar Hoffmann, Das demokratische Museum, in: O. Schwencke et al. (Hg.), Plädoyers für eine neue Kulturpolitik, München 1974, S. 161–162, zitiert nach Charmaine Liebertz, Kunstdidaktische Aspekte in der Museumspädagogik. Entwicklung und Gegenwart, Weinheim 1988, S. 141–142.

89 Monika Sommer, Museologie und Museumsgeschichten, in: Schnittpunkt et al. (Hg.), Handbuch Ausstellungstheorie und praxis, Wien, Köln, Weimar 2013, S. 18.

90 Charmaine Liebertz, Kunstdidaktische Aspekte in der Museumspädagogik. Entwicklung und Gegenwart, Weinheim 1988, S. 154 zitiert J. Kinard, Mittler zwischen dem Museum und der Gemeinschaft, in: Neue Museumskunde, H. 1, Berlin 1973, S. 11–12.

der Bildungsziele mit ihnen befassen. Diese Methode betont das Objekt, seine Eigenreferenz und die von der Fachwissenschaft zur Verfügung gestellten Informationen. Ausgangspunkt ist hier das zu vermittelnde Wissen. Die Gegenrichtung plädiert dafür, von den Besucher_innen her zu denken und deren Bedürfnisse als Maßstab für die Vermittlungsarbeit zu nehmen. Dieser »soziologische« Ansatz geht von einem inhomogenen Publikum aus. Ihm liegt ein demokratisches Verständnis von Vermittlungsarbeit zugrunde, bei dem Besucher_innen und Vermittler_innen gleichberechtigt agieren. Hier geht es weniger um frontale Wissensvermittlung als vielmehr um Kommunikation über Objekte. Der Ansatz geht von einer Theorie des Lehrens und Lernens aus. Mäßigende Stimmen treten für einen Mittelweg ein: Das Museum solle weder zum Kultplatz noch zum Spielplatz werden.[91]

Alfred Schmeller, Direktor des Museums des 20. Jahrhunderts in Wien ist der Überzeugung, Museen sollen nicht nur Orte des Zeigens, sondern auch des aktiven Tuns sein. Dadurch könnten das Entstehen eines Werkes nachvollziehbar gemacht und die Kreativität gefördert werden. Im Vordergrund steht für ihn das sinnliche Erlebnis.[92] Er bietet ab 1970 Programme an, in denen Kinder im Ausstellungsraum »malen, zeichnen und formen« und die entstandenen Werke anschließend in der Ausstellung gezeigt werden.[93] Schmeller greift damit zeitgleiche Diskussionen im

---

91 Gabriele Stöger, Museen, Orte für Kommunikation. Einige Aspekte aus der Geschichte der Bildungsarbeit von Museen, in: Josef Seiter, Auf dem Weg. Von der Museumspädagogik zur Kunst- und Kulturvermittlung, Schulheft 111, Wien 2003, S. 21 bezieht sich auf Charmaine Liebertz, Kunstdidaktische Aspekte in der Museumspädagogik. Entwicklung und Gegenwart, S. 167f. und Eva Sturm, Im Engpass der Worte. Sprechen über moderne und zeitgenössische Kunst, Berlin 1996, S. 169.

92 Renate Höllwart, Vom Stören, Beteiligen und Sichorganisieren. Eine kleine Geschichte der Kunstvermittlung in Wien, in: schnittpunkt – Beatrice Jaschke, Charlotte Martinez-Turek, Nora Sternfeld (Hg.), Wer spricht? Autorität und Autorschaft in Ausstellungen, Wien 2005, S. 105–119, hier S. 106–107.

93 Renate Höllwart, Entwicklungslinien der Kunst- und Kulturvermittlung, in:

Kunstunterricht auf, die eine Gleichwertigkeit von Produktivität und Rezeptivität fordern, da die kreative Arbeit einen besseren Zugang zu den Werken verschaffe als sprachliche Methoden.[94] Amerika ist in dieser Zeit Vorreiter in Sachen Vermittlung. Museen werden dort zu Unterrichtsstätten der kreativen Arbeit deklariert. Dies zeigt sich sowohl in der personellen als auch in der räumlichen Ausstattung der Institutionen. Erziehung, Bildung und Kultur werden als Faktoren zur Steigerung des persönlichen Erfolgs angesehen.[95]

1971 veranstaltet die deutsche UNESCO-Kommission in Essen ein Symposium mit dem Titel »Praxis der Museumsdidaktik«. Gefordert wird die Konstituierung einer unabhängigen museumspädagogischen Disziplin mit eigenem Berufsprofil und einer eigenen fächerübergreifenden Grundlagenforschung, sprich eine Professionalisierung und Institutionalisierung. Die Forschung solle sich auf die Rolle und Aufgabe der Museen im kulturellen Leben, in Forschung, Bildung und Freizeitgestaltung beziehen und Methoden für eine eigenständige Museumsdidaktik auf interdisziplinärer Basis schaffen. Die Museen äußern teilweise Vorbehalte gegenüber der Vermittlung und ihrem Anspruch auf Mitsprache.[96] In vielen Museen herrscht die Meinung, andere Aufgaben seien wichtiger als die Vermittlung. Dennoch wirken sich die Aktivitäten von ICOM mit der Zeit meinungsbildend aus.[97]

Schnittpunkt et al. (Hg.), Handbuch Ausstellungstheorie und praxis, Wien, Köln, Weimar 2013, S. 37–50, hier S. 38.

94 Charmaine Liebertz, Kunstdidaktische Aspekte in der Museumspädagogik. Entwicklung und Gegenwart, Weinheim 1988, S. 171.

95 Ebenda, S. 176.

96 Ebenda, S. 167 zitiert UNESCO-Kommission (Hg.), Museumsberichte der Deutschen UNESCO-Kommission. Die Praxis der Museumsdidaktik. Bericht über ein internationales Seminar der Deutschen UNESCO-Kommission, veranstaltet in Zusammenarbeit mit dem Museum Folkwang Essen, 1971, Köln 1974, S. 167 und Lisa Spanier, Kunst- und Kulturvermittlung im Museum. Historie – Bestandsaufnahme – Perspektiven, Düsseldorf 2014, S. 67.

97 Hadwig Kräutler, Museum education in Austria – The present state and a proposal for development, Dissertation, Leicester 1984, S. 21.

In den 1970er Jahren gewinnt das Thema Freizeit eine größere gesellschaftliche Bedeutung und konfrontiert die Museen mit neuen Herausforderungen. Das Museum als Lernort hat nicht mehr nur die Funktion, Museumsbesucher_innen besser für ihren beruflichen Alltag zu qualifizieren, sondern soll auch die Möglichkeit zu schöpferischer Selbstverwirklichung und Persönlichkeitsentwicklung geben. Zusätzlich wird das Museum aber auch zu einem Ort des Vergnügens und der Unterhaltung und erlangt dadurch soziale Funktionen. Es finden Veranstaltungen in Museen statt, die die Medien Film, Fernsehen, Musik und Dichtung einschließen. Auch die Politik schätzt die kulturelle Bildung zunehmend als wichtiger ein, und Museen rücken mehr in die allgemeine Aufmerksamkeit, was sich in zahlreichen Museumsneubauten manifestiert. Vermittlungsangebote in Museen dienen mancherorts zur Legitimierung der Ausgaben für einen Museumsbau zu Prestigezwecken. Spielerische Herangehensweisen, die aus der Freizeitpädagogik kommen, halten in die Vermittlungsarbeit im Museum Einzug. Ihr Hauptcharakteristikum ist eine offene Lernsituation, in der die Teilnehmer_innen selbst bestimmen, wie und mit welcher Intensität sie sich mit den Inhalten beschäftigen.[98]

Forderungen nach einer eigenständigen Disziplin der Vermittlung

Mayrhofer und Zacharias formulieren 1977 dezidierte Forderungen an eine Vermittlung am Lernort Museum: »Museumspädagogik vermittelt zwischen musealen Inhalten, Informationen, Objekten, Präsentationsformen und den Interessen und Aneignungsbedürfnissen der Zielgruppen«. Sie fordern eine Hinwendung zum soziokulturellen Umfeld ihres Einzugsgebietes und eine Orientierung an den Besucher_innen. Die Verhaltensrituale

98 Charmaine Liebertz, Kunstdidaktische Aspekte in der Museumspädagogik. Entwicklung und Gegenwart, Weinheim 1988, S. 185–186 und 203.

sollen nicht die Auseinandersetzung mit den Inhalten überlagern, es brauche kreative Aneignungsprozesse durch »Animation, didaktische Räume und Aktivierungsangebote«. Vermittlung dürfe nicht auf die Rolle der Aktualisierung der musealen Inhalte beschränkt bleiben, sondern müsse »integraler Bestandteil der Museumstätigkeit und -organisation« sein. Die Museumsobjekte seien nicht Ziel, sondern Mittel der Vermittlung. Mayrhofer und Zacharias plädieren vor diesem Hintergrund für die Entwicklung einer Museumsdidaktik mit eigenständigen Methoden.[99] Die Forderung, die Vermittlung als eigene Disziplin zu etablieren, findet in Folge eine breite Zustimmung im Feld.

1981 erscheint erstmals das »Handbuch Museumspädagogik« von Weschenfelder und Zacharias. Es versucht, praktische Erfahrungen in der Abhaltung von Vermittlungsformaten der vorhergegangenen Jahre mit theoretischen Überlegungen, Didaktik und Sozialisationsforschung zu verknüpfen. Ziel ist es, eine »museumspädagogische Identität« herauszuarbeiten sowie Argumentations- und Handlungshilfen für Vermittler_innen zu geben. Die Autoren beziehen Vermittlung zu diesem Zeitpunkt in erster Linie auf Aktivitäten mit Kindern und Jugendlichen. Es geht ihnen um die Vermittlung der ausgestellten Objekte, aber auch der Tätigkeitsfelder von Museen, wie Sammeln, Bewahren, Forschen und Vermitteln. Einsichten über vergangene und gegenwärtige »Wirklichkeiten« sollen die Besucher_innen dazu befähigen, »zukünftige Wirklichkeiten aktiv zu gestalten.«[100] Hierbei beschäftigen sich die Autoren auch kritisch mit den Präsentationsmethoden von Museen. Ihrem Ansatz folgend, sich auf Kinder und Jugendliche zu beziehen, fordern sie eine kritische Auseinandersetzung mit »Verhaltenshürden«, einseitigen histo-

99 H. Mayrhofer, W. Zscharias, Projektbuch Ästhetisches Lernen, Hamburg 1977, S. 114–117 und 196, zitiert in ebenda, S. 203–204.

100 Klaus Weschenfelder, Wolfgang Zacharias, Vorwort, in: Handbuch Museumspädagogik. Orientierungen und Methoden für die Praxis, 2. Auflage, Düsseldorf 1988, S. 10.

rischen Darstellungen und glorifizierenden Wertungen. Diese Präsentationsformen sollten durch die pädagogischen Methoden der Vermittlung »parteilich im Interesse der Kinder und Jugendlichen« thematisiert werden.[101] Als grundlegenden Unterschied der Museumspädagogik zur Pädagogik in der Schule formulieren sie die Offenheit der Lernsituation im Museum gegenüber ihrer genauen Planung in der Schule. Kinder sollten die Möglichkeit haben, sich Dinge in ihrer eigenen Art und Weise anzueignen, sei es spielerisch oder durch Nachahmung, durch gegenständliche Tätigkeit oder entdeckendes Lernen, durch Experiment oder Rekonstruktion.[102] Die Lernziele der Museumspädagogik müssen Weschenfelder und Zacharias zufolge nicht immer im Vorhinein klar definiert sein und können auch den Schüler_innen selbst überlassen werden.[103] Beide verstehen die Gestaltung von Ausstellungen als Ausstellungsdidaktik und sehen darin einen Teil der Museumspädagogik. Aufgabe der personellen Vermittlung sei es dann, den konkreten Besucher_innen die jeweilige Ausstellung adäquat zu vermitteln.[104]

Die Gründung des Österreichischen Museumsbundes und Ideen zu einer Service-Organisation für österreichische Museen

Im Jahr 1981 wird der österreichische Museumsbund als Verein eingetragen. Er soll eine Vernetzungsplattform für alle österreichischen Museen bieten. Die Vereinszeitschrift »neues museum« erscheint ab 1989. Seit diesem Jahr findet auch jährlich der österreichische Museumstag statt.[105]

---

101 Vgl. ebenda, S. 69.
102 Vgl. ebenda, S. 155.
103 Vgl. ebenda, S. 177.
104 Vgl. ebenda, S. 349 und 356.
105 Wolfgang Muchitsch, Editorial, in: neues museum. Die österreichische Museumszeitschrift, 14–4, Oktober 2014.

1984 fordert Hadwig Kräutler für eine Etablierung der Vermittlung an österreichischen Museen die Einrichtung einer Museums-Service-Organisation. Nur gut organisierte und fundierte Angebote könnten das Publikum ansprechen. Diese müssten erfolgreich beworben und koordiniert werden und sich an klare Standards und evaluierbare Richtlinien halten, um sie bei Bedarf adaptieren zu können. Ausschlaggebend für die Qualität der Vermittlung sei zudem eine gute Kommunikation innerhalb und außerhalb der Museen.

Kräutler analysiert die Situation zu diesem Zeitpunkt in Österreich und konstatiert, dass die meisten Museen lediglich Führungen durch nicht speziell ausgebildetes Personal anböten. Teilweise gebe es auch Führungen und Vorträge für Schulklassen. Ein Raum für praktisches Arbeiten sei lediglich in einem der 18 von ihr untersuchten Museen vorhanden. In einigen Häusern gebe es zusätzliche Aktivitäten wie Ferienkurse oder Material für Schulklassen und Lehrer_innen. Insgesamt konstatiert sie ein Defizit: »Discussions of problems of education in museums on a professional level and with international standards have not yet affected Austrian museological scene strongly, neither on a theoretical nor on a practical level.«[106] Allerdings stellt sie zum Zeitpunkt ihrer Studien ein steigendes Interesse an Vermittlung in den österreichischen Museen fest. Dies äußere sich unter anderem in einer Vorlesung über Museumsdidaktik an der Akademie für Bildende Künste in Wien im Rahmen der Lehrer_innenausbildung oder in einer 1983 von den für Schule und Museen zuständigen Ministerien organisierten Konferenz mit dem Titel »Schule und Museum«.

Drei Gruppen von Vermittlungsaktivitäten klassifiziert Kräutler, die zu diesem Zeitpunkt in österreichischen Museen stattfinden: seitens der Museen selbst initiierte und mit eigenem Personal besetzte Formate, von Lehrer_innen organisierte Aktivitäten,

106 Hadwig Kräutler, Museum education in Austria – The present state and a proposal for development, Dissertation, Leicester 1984, S. 35 und 70–71.

oft auch im Zuge der Lehrer_innenausbildung, und Programme, die von so genannten Freelancern von außen an die Organisationen herangetragen werden. Hier nennt sie als Beispiele das 1977 von Heiderose Hildebrand und anderen ins Leben gerufene »Lebende Museum«, das Programme in unterschiedlichen Institutionen anbietet, oder die 1983 gegründete »Initiative für Kulturpädagogik«. Alle Angebote wenden sich an Schulklassen.[107]

Im Ergebnis schlägt Kräutler die Bildung eines Museumsservice vor. Er soll die Vermittlung aller Bundes- und Landesmuseen zu einem gemeinsamen Netzwerk zusammenschließen, um Informationen und Erfahrungen austauschen sowie die administrative Zusammenarbeit verbessern zu können.[108]

Vermittlung von außen – die Einrichtung pädagogischer Dienste

Sowohl in Deutschland als auch in Österreich werden grundlegende vermittlerische Initiativen von außen an die Museen herangetragen. In Deutschland organisieren große Städte so genannte pädagogische Dienste, in Österreich kommt die Initiative von ministerieller Ebene.[109] Kulturpolitische Ziele dieser Maßnahmen sind eine Hebung des Bildungsniveaus und eine Verbes-

107 Vgl. ebenda, S. 73–76.

108 Vgl. ebenda, S. 173–174.

109 Lisa Spanier, Kunst- und Kulturvermittlung im Museum. Historie – Bestandsaufnahme – Perspektiven, Düsseldorf 2014, S. 33 nennt die Gründung städtischer und kommunaler Dienste 1961 in Berlin, 1965 in Köln, 1968 in Nürnberg, 1973 in München. Renate Höllwart, Entwicklungslinien der Kunst- und Kulturvermittlung, in: Schnittpunkt et al. (Hg.), Handbuch Ausstellungstheorie und praxis, Wien, Köln, Weimar 2013, S. 37–50, hier S. 38 berichtet von der Gründung des museumspädagogischen Dienstes 1985 im Museum Moderner Kunst Wien. Vgl. Renate Höllwart, Vom Stören, Beteiligen und Sichorganisieren. Eine kleine Geschichte der Kunstvermittlung in Wien, in: schnittpunkt – Beatrice Jaschke, Charlotte Martinez-Turek, Nora Sternfeld (Hg.), Wer spricht? Autorität und Autorschaft in Ausstellungen, Wien 2005, S. 105–119, hier S. 108.

serung des Kulturverhaltens der Bevölkerung.[110] Sie wollen sowohl die Kunstrezeption als auch die kreative Eigentätigkeit der Museumsbesucher_innen unter pädagogischer Anleitung fördern. Oft ist eine enge Zusammenarbeit mit Schulbehörden gegeben, und in manchen Städten arbeiten Lehrer_innen verschiedener Schultypen für eine gewisse Zeit in Museen mit, um die Museumswissenschaftler_innen zu unterstützen. Dies hat allerdings keine große Breitenwirkung, da eine Verschulung des Museums befürchtet wird.[111]

In Österreich ergibt sich im Jahr 1985 die günstige politische Situation, dass die Ministerien für Wissenschaft und Unterricht sich darüber verständigen, einen museumspädagogischen Dienst der Bundesmuseen einzurichten. Dafür werden zwei feste Stellen geschaffen und mit Heiderose Hildebrand und Hadwig Kräutler besetzt, gemeinsam mit 25 freien Mitarbeiter_innen. Diese engagierte Gruppe startet mehrere Projektinitiativen an unterschiedlichen Museen, die zu Keimzellen professioneller Vermittlungsarbeit werden. Sie setzen unterschiedliche Schwerpunkte, die neben der praktischen Vermittlungstätigkeit die Entwicklung eines eigenen Methodenrepertoires sowie die strukturelle Einbettung der Vermittlung in möglichst viele Institutionen umfassen. Vorbild dafür sind vor allem Institutionen im angloamerikanischen Raum, die zu diesem Zeitpunkt in Theorie und Praxis bessere Voraussetzungen für die Vermittlung bieten.[112] Sie bilden eine wichtige Grundlage für die Entwicklung der Vermittlung als eigenständiges Berufsfeld in österreichischen Museen.

Aufseiten der Institutionen hält sich die Anerkennung der Vermittler_innen jedoch in Grenzen. Ihre Tätigkeit wird meist

110 Gabriele Stöger, Museen, Orte für Kommunikation. Einige Aspekte aus der Geschichte der Bildungsarbeit in Museen, in: Josef Seiter, Auf dem Weg. Von der Museumspädagogik zur Kunst- und Kulturvermittlung, Schulheft 111, Wien 2003, S. 23.

111 Charmaine Liebertz, Kunstdidaktische Aspekte in der Museumspädagogik. Entwicklung und Gegenwart, Weinheim 1988, S. 179.

112 Gespräch mit Hadwig Kräutler am 22.2.2018.

nicht als gleichwertig zu der der Museumswissenschaftler_innen bewertet und sie werden nicht in die konzeptuelle Arbeit der Museen eingebunden. Dies führt zu einer Stagnation der Theoriebildung und zu einer Frustration bei den Vermittler_innen.[113]

Ausbildungsmöglichkeiten für Kulturvermittler_innen

Die Erweiterung des Angebotes an Vermittlungsprogrammen macht zusätzliche Kompetenzen und eine Vielfalt an Methoden erforderlich. Durch subjektive Betrachtung, Gespräche, den Einsatz von Gegenständen und unterschiedlichen Medien, spielerische Methoden und praktisches Arbeiten werden neue Zugänge geschaffen. Die Reflexion und theoretische Untermauerung der verwendeten Methoden ist von Anfang an Teil der museumspädagogischen Arbeit.[114] Die neuen Ansätze bedürfen neuer Ausbildungsmöglichkeiten. Diese sind meist an andere Basisstudien angeschlossen oder finden in Form von Lehrgängen statt. 1989 wird in Österreich am Interuniversitären Forschungsinstitut für Fernstudien an der Universität Klagenfurt der erste Hochschullehrgang für »Museumspädagogik« ins Leben gerufen.[115] 1994 richtet das Institut für Kulturwissenschaften einen postgradualen Lehrgang für »Kommunikation im Museum« ein, der später »Ausbildung zum Kurator / zur Kuratorin für Kommunikation im Museum« genannt und seit 2002 als »/ecm/Lehrgang«

113 Charmaine Liebertz, Kunstdidaktische Aspekte in der Museumspädagogik. Entwicklung und Gegenwart, Weinheim 1988, S. 218–219.

114 Renate Höllwart, Entwicklungslinien der Kunst- und Kulturvermittlung, in: Schnittpunkt et al. (Hg.), Handbuch Ausstellungstheorie und praxis, Wien, Köln, Weimar 2013, S. 37–50, hier S. 38.

115 Renate Höllwart, Vom Stören, Beteiligen und Sichorganisieren. Eine kleine Geschichte der Kunstvermittlung in Wien, in: schnittpunkt – Beatrice Jaschke, Charlotte Martinez-Turek, Nora Sternfeld (Hg.), Wer spricht? Autorität und Autorschaft in Ausstellungen, Wien 2005, S. 105–119, hier S. 111.

an der Universität für Angewandte Kunst weitergeführt wird. Ursprünglich steht »ecm« für »exhibition and cultural communication management«, wird inzwischen aber mit »educating/curating/managing« übersetzt.[116] Heute bieten einige Pädagogische Hochschulen Studiengänge für Kulturvermittlung an, so der »Hochschullehrgang: Kulturvermittlung« an der Privaten Pädagogischen Hochschule Linz oder der »Lehrgang Kulturvermittlung« an der Kirchlichen Pädagogischen Hochschule Wien/Krems.[117] An der Akademie der Bildenden Künste Wien ist Kulturvermittlung ein Teilbereich der Ausbildung am Institut für das künstlerische Lehramt.[118]

In Deutschland wird 1983 der Diplomaufbaustudiengang Erziehungswissenschaften der Pädagogischen Hochschule Ludwigsburg initiiert, der die Pflichtfächer Kunst- und Museumspädagogik enthält. An der Humboldt-Universität Berlin wird 1989 ein postgradualer Studiengang Museologie mit museumspädagogischen Inhalten eingeführt. Im außeruniversitären Bereich wird 1986 die Bundesakademie für kulturelle Bildung in Wolfenbüttel gegründet, die über ein eigenes Fachreferat Museumspädagogik verfügt.[119] Seit Mitte der 2000er Jahre sind zunehmend Ausbildungen für Vermittlung an Hochschulen zu finden. Lehrgänge, die ursprünglich hauptsächlich für Lehramtsstudent_innen

116 Renate Höllwart, Entwicklungslinien der Kunst- und Kulturvermittlung, in: Schnittpunkt et al. (Hg.), Handbuch Ausstellungstheorie und praxis, Wien, Köln, Weimar 2013, S. 37–50, hier S. 40 und http://www.ecm.ac.at/history/, abgerufen am 10.5.2018.

117 https://www.phdl.at/index.php?id=2793&tx_wbplugin_wbdb%5Bcallfn%5D=booking&tx_wbplugin_wbdb%5Bpgmid%5D=525 &tx_wbplugin_wbdb%5Btitle%5D=Aktuell:_Kul turvermittlung_%3Cbr%3 E2017-2019, abgerufen am 10.5.2018, und http://www.kphvie.ac.at/institute/zentrum-fuer-weiterbildung/hochschullehrgaenge-im-ueberblick/kulturvermittlung.html, abgerufen am 10.5.2018.

118 https://www.akbild.ac.at/Portal/studium/studienrichtungen/kunstlerisches-lehramt, abgerufen am 10.5.2018.

119 Lisa Spanier, Kunst- und Kulturvermittlung im Museum. Historie – Bestandsaufnahme – Perspektiven, Düsseldorf 2014, S. 201.

konzipiert waren, bieten nun auch Veranstaltungen in außerschulischer Vermittlung an.[120] Laut einer Liste des deutschen Bundesverbandes Museumspädagogik e. V. von 2016 bietet die Hochschule für Technik, Wirtschaft und Kultur Leipzig derzeit in Kooperation mit der Bundesakademie Wolfenbüttel und dem Bundesverband Museumspädagogik einen Masterstudiengang Museumspädagogik an, die Universität Bremen ein Master-Studium »Kunst- und Kulturvermittlung« und die Hochschule der Bildenden Künste Saar in Saarbrücken ein Master-Studium »Museumspädagogik«.[121] An der Universität Hildesheim kann ein Master-Studium Kulturvermittlung absolviert werden.[122] Ansonsten wird Vermittlung nur als Teilbereich anderer Studien angeboten: an der Hochschule für Technik und Wirtschaft Berlin im Rahmen eines Bachelor-Studiums »Museumskunde« und eines Master-Studiums »Museumsmanagement und Kommunikation«, an der Hochschule für Technik, Wirtschaft und Kultur in Leipzig im Rahmen eines Bachelor-Studiums »Museologie«, an der Julius-Maximilians-Universität Würzburg im Rahmen eines Bachelor-Studiums »Museologie und materielle Kultur«, an der Heinrich-Heine-Universität Düsseldorf im Rahmen eines Master-Studiums »Kunstgeschichte mit Schwerpunkt Kunstvermittlung in Museum und Kunsthandel«, an der Carl von Ossietzky Universität Oldenburg im Rahmen eines Master-Studiums »Museum und Ausstellung« und an der Universität Würzburg im Rahmen eines Master-Studiums »Museumswissenschaft/Museum

120 Carmen Mörsch, In Verhältnissen über Verhältnisse forschen: Kunstvermittlung in Transformation als Gesamtprojekt, in: Bernadette Settele, Carmen Mörsch (Hg.), Kunstvermittlung in Transformation. Perspektiven und Ergebnisse eines Forschungsprojektes, Zürich 2012, S. 299–317, hier S. 307.

121 https://www.museumspaedagogik.org/fileadmin/user_upload/bund/PDF/Service/BVMP_Studienmoeglichkeiten_April_2016.pdf, abgerufen am 10.5.2018.

122 Lisa Spanier, Kunst- und Kulturvermittlung im Museum. Historie – Bestandsaufnahme – Perspektiven, Düsseldorf 2014, S. 221.

Studies«.[123] Spanier führt zudem Studien an den Universitäten Lüneburg und Ludwigsburg an.[124]

In der Schweiz gibt es zwei Studienmöglichkeiten: Die Züricher Hochschule der Künste bietet ein Bachelor- und ein Master-Studium in »Art Education« an und eine Doktoratskooperation mit der Universität für Angewandte Kunst in Wien und der Carl von Ossietzky Universität Oldenburg in Deutschland.[125] An der Fachhochschule der Künste Bern kann man einen »Master of Arts in Art Education« erlangen.[126]

Die Aufzählung zeigt die uneinheitliche Ausbildungssituation. Immer wieder wird über einheitliche Standards und eine geregelte Ausbildung für den Beruf der Kulturvermittlung diskutiert. Viele sehen in deren Fehlen ein Hindernis für die Beseitigung der oft kritisierten schlechten Arbeitsbedingungen vieler in der Vermittlung Tätigen.[127] Zusätzlich erschwerend für die Festlegung von einheitlichen Ausbildungsstandards sind die Forderungen nach interdisziplinären Qualitäten der Vermittler_innen entsprechend der Institution, in der sie tätig sind. Verlangt werden meist ein akademischer Abschluss in einem das Museum betreffenden Fachgebiet, museologisches Grundlagenwissen und pädagogisches Basiswissen, Kenntnis unterschiedlicher Lerntheorien und Beherrschung

---

123 https://www.museumspaedagogik.org/fileadmin/user_upload/bund/PDF/Service/BVMP_Studienmoeglichkeiten_April_2016.pdf, abgerufen am 10.5.2018.

124 Lisa Spanier, Kunst- und Kulturvermittlung im Museum. Historie – Bestandsaufnahme – Perspektiven, Düsseldorf 2014, S. 220.

125 https://www.zhdk.ch/phd-in-art-education-2934, abgerufen am 10.5.2018.

126 https://www.museumspaedagogik.org/fileadmin/user_upload/bund/PDF/Service/BVMP_Studienmoeglichkeiten_April_2016.pdf, abgerufen am 10.5.2018.

127 Michael Parmentier, Unsystematische Anmerkungen zur Ausbildungssituation der Museumsberufe, Diskussionsbeitrag zum Workshop »Museologische Aus- und Weiterbildung: Perspektiven – Kooperationen« in der Bundesakademie für kulturelle Bildung Wolfenbüttel am 31.10. und 1.11.2006, http://www.6032offm.de/orbis/wp-content/uploads/2008/09/Anmerk.z.Ausbildungssituation%20oder%20Museumsberufe.pdf, abgerufen am 10.5.2018.

fachdidaktischer Methoden. Zusätzlich werden Kompetenzen im kommunikativen Bereich sowie Kenntnisse in Besucherforschung, Personal- und Projektmanagement gefordert.[128]

Besucherorientierung im Spannungsfeld unterschiedlicher Zielvorstellungen

In den 1990ern ist ein Aufschwung der Vermittlung zu beobachten, der auch mit der allgemeinen Hinwendung der Museen zu ihren Besucher_innen – Schlagwort Besucherorientierung – zu tun hat. In Zeiten zunehmender Konkurrenz, kleinerer Budgets und des Bedürfnisses nach Rechtfertigung durch Besucher_innenzahlen besteht die Gefahr, dass die Vermittlung als ein Werbe- und Marketinginstrument missbraucht wird. Teilweise kommt es zu einer Verschiebung ihrer Aufgaben in Richtung Organisation, Verwaltung, Marketing und Öffentlichkeitsarbeit. Vermittlung wird teilweise als Information, Buchungsagentur oder Fortbildungsinstitut gesehen. Ein Spannungsverhältnis zwischen den Ansprüchen auf unterhaltsame Events und fundierter inhaltlicher Vermittlungsarbeit macht sich bemerkbar.[129]

In dieser Zeit werden die ersten festen Stellen für Vermittler_innen an öffentlichen österreichischen Museen geschaffen. Allerdings beschränken sie sich meist auf die Leitungen der Ver-

128 Lisa Spanier, Kunst- und Kulturvermittlung im Museum. Historie – Bestandsaufnahme – Perspektiven, Düsseldorf 2014, S. 217 bezieht sich auf Bundesverband Museumspädagogik e. V./Deutscher Museumsbund e. V. (Hg.) in Zusammenarbeit mit dem Österreichischen Verband der KulturvermittlerInnen im Museums- und Ausstellungswesen und dem Schweizerischen Verband der Fachleute für Bildung und Vermittlung im Museum, Qualitätskriterien für Museen: Bildungs- und Vermittlungsarbeit, 2008.

129 Lisa Spanier, Kunst- und Kulturvermittlung im Museum. Historie – Bestandsaufnahme – Perspektiven, Düsseldorf 2014, S. 44–48 und 65.

mittlungsabteilungen. Die einzelnen Vermittler_innen sind in der Regel weiterhin selbständig tätig.[130]

Die Bildung von Interessenvertretungen

In den 1990er Jahren formieren sich Interessenvertretungen für Vermittler_innen. Im deutschsprachigen Raum wird 1991 in Deutschland der Bundesverband Museumspädagogik e. V. gegründet, im gleichen Jahr der Österreichische Verband der Kunst- und Kulturvermittler_innen im Museums- und Ausstellungswesen und 1994 Museumspädagogik Schweiz.[131] Die Verbände wollen in erster Linie die Interessen der freien Vermittler_innen fördern im Gegensatz zu den angestellten Vermittler_innen, die sich eher über ICOM CECA organisieren. Ihr Ziel ist es unter anderem, Honorarsätze für freie Vermittler_innen festzusetzen, die als Anhaltspunkt für Honorarverhandlungen dienen können. Regelmäßig stattfindende Tagungen werden zur Weiterbildung und zum Knüpfen von Netzwerken genutzt.

Die Verbandszeitschriften der Interessenvertretungen bieten eine wichtige Plattform für die Vernetzung untereinander. Die Zeitschrift des deutschen Vereins trägt den Titel »Standbein Spielbein« und entwickelt sich von einem 1980 vom AK Norddeutschland initiierten Heft zur offiziellen Fachzeitschrift. Die österreichische Verbandszeitschrift heißt »faxen«. Beide Zeitschriften geben einen guten Überblick über die aktuellen Diskussionen im Feld der Vermittlung und können in der Rückschau als Stimmungsbild der Zeit gelesen werden. Von Mai 1991 bis 2002 erscheinen 41 Nummern von »faxen«, das sich von einem Blatt mit Informationen zu politischen und ökonomischen Rah-

130 Wencke Maderbacher, Sandra Malez, Kulturvermitteln – Vom Prekariat zum Beruf, in: neues museum 1, 2018, S. 62–64.

131 Lisa Spanier, Kunst- und Kulturvermittlung im Museum. Historie – Bestandsaufnahme – Perspektiven, Düsseldorf 2014, S. 43.

menbedingungen des Berufsfeldes zu einer wichtigen Zeitschrift mit redaktionellen Fachbeiträgen entwickelt.[132]

Anlässlich der Gründung der Interessenvertretung in Österreich kommt es nach heftigen Diskussionen zu einer Änderung der Berufsbezeichnung von »Museumspädagogik« zu »Kunst- und Kulturvermittlung«. Tendenziell zeigt sich in dieser Zeit der Wunsch, sich einem breiteren Publikum zuzuwenden und Kinder und Jugendliche auch außerhalb der Schule für das Museum zu interessieren. Ein Resultat dieser Bemühungen ist die Schaffung eigener Kinder- und Jugendmuseen oder entsprechender Abteilungen in größeren Institutionen. Darüber hinaus gibt es Versuche, das Interesse dieser Zielgruppe durch Anbindung der Ausstellungen an ihre unmittelbare Lebensrealität, eine abwechslungsreiche Gestaltung und Handlungsmöglichkeiten innerhalb der Ausstellung zu wecken.[133]

Innerhalb des Verbandes werden im Laufe der Jahre immer wieder die Vor- und Nachteile einer Eingliederung der Vermittlung in die Institution Museum gegenüber unabhängigen Vermittler_innen diskutiert, die von außen kritisch auf die Institution blicken können. Externe Vermittler_innen haben zwar den Vorteil einer größeren Autonomie und einer Perspektive von außen auf das jeweilige Museum, andererseits arbeiten sie meist selbständig in unsicheren wirtschaftlichen Verhältnissen. Eine finanzielle Absicherung und die Möglichkeit, die Ausstellungsinhalte mitzugestalten, sind für externe Vermittler_innen in der Regel nicht gegeben.[134]

---

132 Gabriele Stöger in: faxen, Nr. 42, 2002.

133 Lisa Spanier, Kunst- und Kulturvermittlung im Museum. Historie – Bestandsaufnahme – Perspektiven, Düsseldorf 2014, S. 37.

134 Renate Höllwart, Vom Stören, Beteiligen und Sichorganisieren. Eine kleine Geschichte der Kunstvermittlung in Wien, in: schnittpunkt – Beatrice Jaschke, Charlotte Martinez-Turek, Nora Sternfeld (Hg.), Wer spricht? Autorität und Autorschaft in Ausstellungen, Wien 2005, S. 105–119, hier S. 109.

Ein Beispiel einer kontroversiellen Haltung der Vermittlung gegenüber der Museumsleitung ist eine Gruppe von Vermittler_innen des museumspädagogischen Dienstes der Bundesmuseen rund um Heiderose Hildebrand, die im Museum Moderner Kunst Wien ein Vermittlungsprogramm unter dem Namen »Kolibri flieg« anbieten. Nach einem 1991 vollzogenen Wechsel bittet die neue Museumsleitung durch im Haus aufgehängte Zettel, dass sich »das sehr geehrte Publikum durch die museumspädagogische Arbeit im Hause nicht gestört fühlen« möge. Die aufgebrachten Vermittler_innen ändern daraufhin ihre Bezeichnung innerhalb des Museums und nennen sich fortan »Stördienst«.[135] Wären sie fest angestellte Mitarbeiter_innen und damit Teil der Institution gewesen, hätten sie diese Freiheit, ihre Rolle innerhalb des Museums so provokant zu verhandeln, wohl nicht gehabt.

Kritische Vermittlung und das Hinterfragen der eigenen Rolle als Vermittler_in

Ab der Mitte der 1990er Jahre gerät im Zusammenhang mit dem Begriff der kritischen Vermittlung die Rolle der Vermittlung gegenüber der Institution immer mehr in den Blick. Die amerikanische Künstlerin Andrea Fraser inspiriert den Diskurs bereits 1989 durch ihre Performance »Museum Highlights: A Gallery Talk«, die eine institutionskritische Position der Vermittlung propagiert. Aber auch das Verhältnis der Vermittler_innen gegenüber den Besucher_innen wird auf seine Hierarchie- und Machtstrukturen hin untersucht. Eva Sturm widmet sich Kommunikationsprozessen in der Vermittlung und hinterfragt die unterschiedlichen Rollen von sprechenden, zuhörenden, befragten, antwortenden, erklärenden und belehrenden Personen.[136] Das Sprechen in einer

135 Vgl. ebenda, S. 109.

136 Eva Sturm, Im Engpass der Worte. Sprechen über moderne und zeitgenössische Kunst, Berlin 1996; Renate Höllwart, Entwicklungslinien der Kunst-

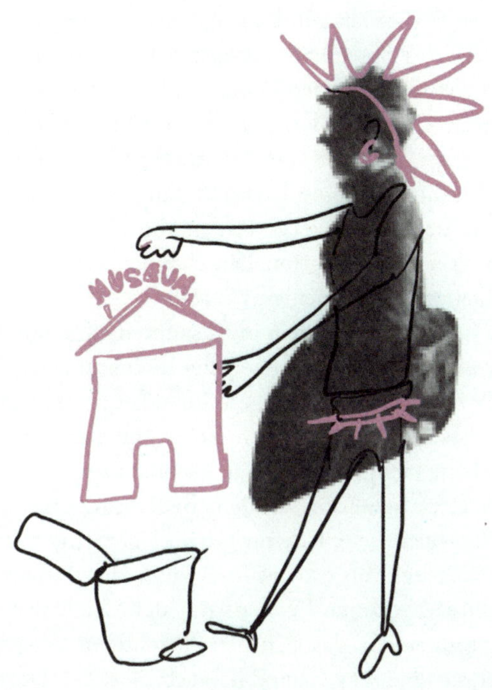

Institutions KritikerInnen

Illustration: Valerie Tiefenbacher

Vermittlungsaktion findet immer innerhalb institutioneller Rahmenbedingungen statt, die sich auf die Möglichkeiten, aber auch auf die Wirksamkeit des Sprechens auswirken. Carmen Mörsch sieht in der Arbeit von Sturm den ersten umfassenden Beitrag einer selbstreflexiven Theoriebildung der Vermittlungsarbeit im Museum im deutschsprachigen Raum[137]. Gottfried Fliedl formuliert als Ziel der Vermittlung eine Ermächtigung der Besucher_innen. Sie sollen in die Lage versetzt werden, die Wandelbarkeit von Bedeutungen, Werten, institutionellen Rahmenbedingungen und Überlieferungen zu durchschauen.[138]

All diese kritischen Ansätze stehen in Zusammenhang mit der »New Museology«, in der Museen ihre eigene Rolle mit Blick auf Repräsentation, Produktionsbedingungen, Ideologien und postuliertes Bildungsverständnis hinterfragen. Diese museumswissenschaftliche Metaebene sieht das Museum als einen »zu interpretierenden Ort der Repräsentation, an dem Bedeutung generiert, Macht ausgeübt und spezifische Erkenntnisweisen bereitgehalten werden.«[139] Im Fokus steht eine kritische Analyse der tradierten Werte und des weitergegebenen Wissens mit dem Ziel, alternatives Wissen zu produzieren, das sich den »mächtigen Wissensformen widersetzt, sie ergänzt [...] und herausfordert.«[140] Donna

und Kulturvermittlung, in: Schnittpunkt et al. (Hg.), Handbuch Ausstellungstheorie und praxis, Wien, Köln, Weimar 2013, S. 37–50, hier S. 41.

137 Carmen Mörsch, In Verhältnissen über Verhältnisse forschen: Kunstvermittlung in Transformation als Gesamtprojekt, in: Bernadette Settele, Carmen Mörsch (Hg.), Kunstvermittlung in Transformation. Perspektiven und Ergebnisse eines Forschungsprojektes, Zürich 2012, S. 299–317, hier S. 300.

138 Gottfried Fliedl, Roswitha Muttenthaler, Herbert Posch (Hg.), Bewölkt – heiter. Die Situation der Museumspädagogik in Österreich (Museum zum Quadrat, Bd. 2), Wien 1990.

139 Anke te Heesen, Theorien des Museums zur Einführung, Hamburg 2012, S. 165.

140 Beatrice Jaschke, Nora Sternfeld, Einleitung. Ein educational turn in der Vermittlung, in: Schnittpunkt, Beatrice Jaschke, Nora Sternfeld (Hg.), educational turn, Handlungsräume der Kunst- und Kulturvermittlung, Wien 2012, S. 13–26, hier S. 16 beziehen sich hier auf Irit Rogoff.

Haraway führt am Beispiel des American Museum of Natural History aus, dass die dort präsentierten Dioramen mehr über die Verfasstheit der Gesellschaft zum Zeitpunkt ihrer Errichtung aussagen als über die gezeigten Tiere. Sie sieht in den Präsentationen politische Aussagen, so etwa das Modell einer patriarchalen Familie oder die Demonstration der Überlegenheit des weißen Mannes.[141] Mieke Bal fügt dem noch die Reflexion über die von Museen benutzten Herrschaftspraktiken in Form des Blickes auf fremde Kulturen hinzu.[142] Tony Bennet sieht das Museum als sozialen Ort, an dem Besucher_innen in eine politische und ideologische Ordnung eingeübt werden.[143]

Der Frage »Wer spricht?« geht das Team von »schnittpunkt Ausstellungstheorie- und praxis« nach. Es untersucht das Verhältnis von Sprache und gezeigtem Objekt und daran anknüpfend von Autorität und Autor_innenschaft in Museen und Ausstellungen. Sein Ansatz ist dabei hegemoniekritisch und hinterfragt als neutral angesehene Prämissen westlicher Gesellschaftsordnungen. Texte ohne Hinweise auf die betreffenden Autor_innen scheinen objektives Wissen weiterzugeben. Lässt sich hingegen ein Text durch eine Signatur bestimmten Autor_innen zuordnen, können Leser_innen die Position(iertheit), von der aus gesprochen wird, nachverfolgen.[144] Der gleiche Wahrheitseffekt tritt bei der Stimme aus dem Off eines Audioguides ein. Luisa Ziaja spricht von »inhärenten Logiken der Steuerung und Kontrolle von Wissensproduktion und -vermittlung hegemonialer institu-

141 Anke te Heesen, Theorien des Museums zur Einführung, Hamburg 2012, S. 158–159.

142 Mieke Bal, Sagen, Zeigen, Prahlen, in: Mieke Bal, Kulturanalyse, Frankfurt am Main, 2002, S. 72–116.

143 Tony Bennett, The Birth of the Museum. History, Theory, Politics, London, New York 1995, S. 24.

144 Stefan Nowotny, Polizierte Betrachtungen. Zur Funktion und Funktionsgeschichte von Ausstellungstexten, in: schnittpunkt – Beatrice Jaschke, Charlotte Martinez-Turek, Nora Sternfeld (Hg.), Wer spricht? Autorität und Autorschaft in Ausstellungen, Wien 2005, S. 72–92, hier S. 89.

tioneller Gefüge«, die scheinbar allgemeingültiges Wissen kommunizieren. Sie gibt zu bedenken, dass die Stimme den Blick der Besucher_innen lenkt und somit das selbstbestimmte Betrachten, das der Gebrauch eines Audioguides suggeriert, nicht der Realität entspricht. Eine Alternative sieht sie in einer lebendigen, mehrdimensionalen und interdisziplinären Wissensvermittlung, die mehrere Möglichkeiten der Betrachtung bietet und auch Fragen stellt, die nicht beantwortet werden.[145]

Vermittlung als emanzipatorische Praxis

Wer hat das Recht und besitzt die Möglichkeit, in Ausstellungen »zu sprechen«? Wessen Geschichte wird gezeigt und gehört und so in die Bildung eines Kanons miteinbezogen?[146] Vermittlung kann hier den Anspruch einer emanzipatorischen Praxis erheben. Ausgehend von den Ausstellungen eines Museums, die durch die getroffene Auswahl an Objekten festschreiben, was offiziell als wertvoll angesehen wird, sieht Nora Sternfeld die Aufgabe einer emanzipatorischen Vermittlung darin, Kanonisierungsprozesse von Geschichte, gesellschaftliche Normen und eventuelle Ausschlüsse anzusprechen und sie zum Thema zu machen. Dabei geht es auch darum, Handlungspotenziale und Möglichkeiten für Gegenerzählungen zu suchen.[147]

Oliver Machart sieht mit Foucault in der Pädagogik eine Herrschaftstechnologie, weil sie nicht nur kognitives Wissen vermittelt, sondern auch Körperwissen, den so genannten Habitus: Wie bewegt man sich, wie verhält man sich in einem Museum, wie gegen-

145 Luisa Ziaja, Schau mal, wer da spricht. Möglichkeiten und Grenzen des Vermittlungsmediums Audioguide, in: ebenda, S. 164–168, hier S. 165–166.

146 Beatrice Jaschke, Charlotte Martinez-Turek, Nora Sternfeld, Vorwort, in: ebenda, S. 9–12.

147 Nora Sternfeld, Der Taxispielertrick. Vermittlung zwischen Selbstregulierung und Selbstermächtigung, in: ebenda, S. 15–33, hier S. 31.

über den Vermittler_innen, den Objekten oder den anderen Besucher_innen? Dieses Wissen komme einer Disziplinierung gleich, die durch ständige Einübung so selbstverständlich werde, dass die Besucher_innen sie als naturgegeben oder neutral ansähen und durch ihr eigenes konformes Benehmen weitertradierten. Statt Pädagogik nun, wie eben beschrieben, als Herrschaftstechnologie zu sehen, plädiert auch Machart dafür, sie im Sinne einer emanzipatorischen Vermittlung als Mittel zur Befreiung zu denken. Das bedeutet für ihn den Versuch, die Vermittlung nicht als Instanz zu sehen, der Wissen unterstellt wird, sondern den Besucher_innen die Möglichkeit zur Selbstermächtigung bereitzustellen. Er sieht Vermittlung in diesem Kontext als Unterbrechung des Disziplinierungsprozesses und als Gegenkanonisierung. Dazu diene das Aufzeigen und Offenlegen der kulturellen, staatlichen, ökonomischen und politischen Bedingtheit der Institution und ihrer Definitionsmacht. In Ausstellungen werden laut Machart Objekte aus ihrem Kontext genommen und in den Sinnzusammenhang einer neuen Erzählung gebracht. Diese Entkontextualisierung bringe eine Homogenisierung der Objekte mit sich, durch die Auswahl werde ein Kanon aufgestellt. Diese Fakten müssten in einer als emanzipatorisch begriffenen Vermittlung thematisiert und der Versuch einer Gegenkanonisierung unternommen werden.[148]

Charlotte Martinez-Turek fügt all diesen Aspekten noch den der Vermittlung für Gehörlose hinzu und die Frage ihrer Repräsentation im musealen Kontext.[149] Analog dazu stellt sich die Frage nach Vermittlungstools für Sehbehinderte und Blinde, die in Form von Tastbildern oder interaktiven Apps in den 2010er Jahren unter dem Aspekt der Barrierefreiheit vermehrt diskutiert und entwickelt werden. Allgemein ist derzeit ein großes Bemühen um Inklusion im Bereich der Museen spürbar. Davon zeugen

---

148 Oliver Machart, Die Institution spricht. Kunstvermittlung als Herrschafts- und als Emanzipationstechnologie, in: ebenda, S. 34–56.

149 Charlotte Martnez-Turek, Simultan. Überlegungen zu einer Vermittlung in einer Ausstellung zur Gebärdensprachgemeinschaft, in: ebenda, S. 152–163.

etwa die Publikation »Das inklusive Museum – Ein Leitfaden zu Barrierefreiheit und Inklusion«, die 2013 vom Deutschen Museumsbund herausgegeben wird[150], oder das vom österreichischen Bundeskanzleramt geförderte Projekt »Das inklusive Museum«, das Vorhaben zur Inklusion in Museen mit einem finanziellen Zuschuss fördert[151].

Künstlerische Vermittlung als Synthese von Kunst und Vermittlung

Ende der 1990er Jahre interessieren sich Künstler_innen vermehrt für Vermittlung. Sie sehen in der Kunstvermittlung eine zentrale Form der Kommunikation und verbinden sie mit künstlerischen Arbeitsweisen, mit Kollektivität, Partizipation und Aktivismus. Hier überschneiden sich Kunstproduktion, Vermittlung und Sozialarbeit, die in gesellschaftspolitische Themen eingreifen wollen, und bereichern dadurch auch die Methoden der Vermittlung.[152] Eine 1997 von Eva Sturm und Sarah Smidt organisierte Tagung mit dem Titel »Ist Kunstvermittlung eine Kunst?« behandelt Überschneidungen der Felder Kunst und Vermittlung. Als »Vermittlungskunst« bezeichnet Sturm die von Künstler_innen konzipierte Vermittlung. Aber auch die Vermittlung nehme immer öfter künstlerische Formen an und könne teilweise sogar Teil einer künstlerischen Arbeit werden.[153]

---

150 https://www.museumsbund.de/wp-content/uploads/2017/03/dmb-barriere freiheit-digital-160728.pdf, abgerufen am 10.5.2018.

151 http://icom-oesterreich.at/news/bka-projektaufruf-das-inklusive-museum, abgerufen am 10.5.2018.

152 Renate Höllwart, Entwicklungslinien der Kunst- und Kulturvermittlung, in: Schnittpunkt et al. (Hg.), Handbuch Ausstellungstheorie und -praxis, Wien, Köln, Weimar 2013, S. 37–50, hier S. 42 bezieht sich auf Stella Rollig, Eva Sturm (Hg.), Dürfen die das? Kunst als sozialer Raum (Museum zum Quadrat Bd. 13), Wien 2002.

153 Renate Höllwart, Vom Stören, Beteiligen und Sichorganisieren. Eine kleine Geschichte der Kunstvermittlung in Wien, in: schnittpunkt – Beatrice

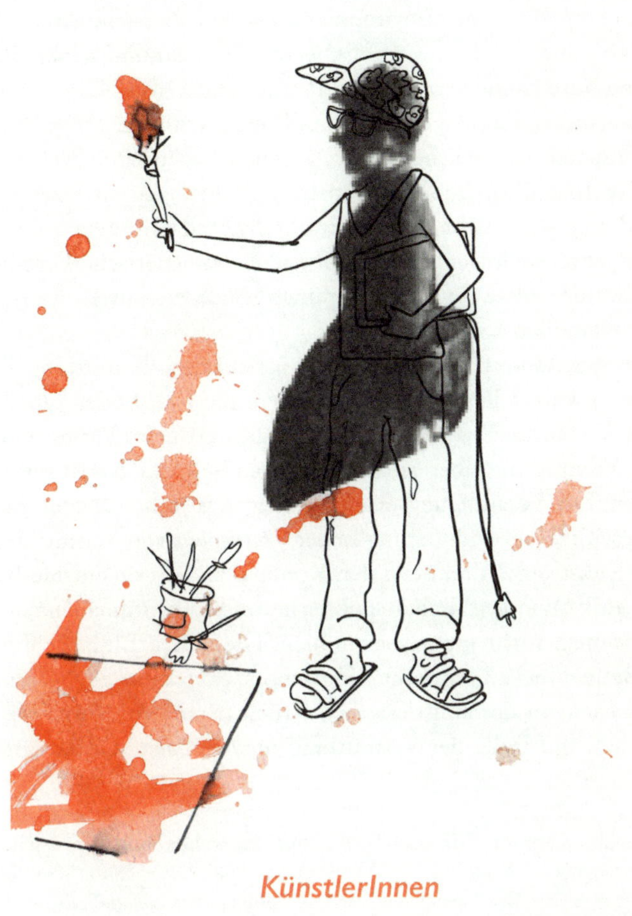

Illustration: Valerie Tiefenbacher

Mögliche Formen künstlerischer Vermittlung sind Inszenierung, Happening oder Environment, also künstlerische Arbeiten, die sich mit der Beziehung zwischen dem Objekt und seiner Umgebung auseinandersetzen, oder Performances, die sich an Ausstellungsinhalte anlehnen. Kunst soll eine kritische Distanz zu den Inhalten ermöglichen. Die Aktionen haben zum Ziel, produktive Irritationen oder ästhetische Erfahrungen zu erzeugen. Allerdings ist es nicht immer gewährleistet, dass dies gelingt.[154] Nicht selten stellt sich das Gefühl ein, die künstlerische Vermittlungsaktion müsse für sich genommen wieder vermittelt werden, um verständlich zu sein.

Carmen Mörsch nennt als Ziel künstlerischer Vermittlung die Initiation kultureller Bildungsprozesse durch Kunst oder künstlerische Verfahren.[155] In Analogie zur künstlerischen Vermittlung kann Vermittlung aber auch ein Bestandteil des Kunstwerkes werden. Die Veränderung des Kunstbegriffes in den letzten Jahren bewirkt eine Veränderung in der Wertigkeit von Vermittlung. Viele Kunstwerke sind ohne den Kontext, in dem sie entstanden sind, also ohne gesellschaftspolitische und kunstimmanente Informationen nicht mehr verständlich. Die aktive Einbeziehung der Betrachter_innen durch Kommunikation kann ein wesentliches Element der künstlerischen Arbeit darstellen. Nora Sternfeld sieht die Rolle der Vermittlung im Auslösen von Kommu-

---

Jaschke, Charlotte Martinez-Turek, Nora Sternfeld (Hg.), Wer spricht? Autorität und Autorschaft in Ausstellungen, Wien 2005, S. 105–119, hier S. 114 zitiert Eva Sturm, Zum Beispiel: Stör:Dienst und trafo.K, in: Arbeitsgemeinschaft deutscher Kunstvereine (AdkV) (Hg.), Dokumentation der Tagung Kunstvermittlung zwischen partizipatorischen Kunstprojekten und interaktiven Kunstaktionen, Berlin 2002, S. 33.

154 Bernadette Settele, Design kritisch vermitteln. Kein Fazit, in: Bernadette Settele, Carmen Mörsch (Hg.), Kunstvermittlung in Transformation. Perspektiven und Ergebnisse eines Forschungsprojektes, Zürich 2012, S. 242–257, hier S. 243.

155 Carmen Mörsch, In Verhältnissen über Verhältnisse forschen: Kunstvermittlung in Transformation als Gesamtprojekt, in: ebenda, S. 299–317, hier S. 300.

nikationsprozessen, »die das Kunstwerk auf vielschichte Art und Weise vervollständigen.«[156] Dadurch wird die Vermittlung zu einem Teil der künstlerischen Arbeit.

»Educational turn in curating« und die Handlungsräume einer Ausstellung

Wie im künstlerischen Bereich, so diskutiert man auch im Kuratorischen in den 2010er Jahren über eine Hinwendung zur Vermittlung. Von der Repräsentation, dem Ausstellen geht die Tendenz hin zu den Handlungsräumen einer Ausstellung, der Generierung von Wissen und neuen Sinnzusammenhängen durch das Gestalten einer Präsentation. Diese Entwicklung ist als logische Folge der kritischen Beschäftigung mit den Produktionsbedingungen und dem postulierten Bildungsverständnis der New Museology zu sehen. Was soll in einer Ausstellung gelehrt und gelernt werden? Die Hinwendung zum Pädagogischen seitens der Kurator_innen und Künstler_innen wird als »educational turn« bezeichnet.[157] Interdisziplinäre Projekte sehen keinen grundsätzlichen Gegensatz mehr zwischen Kunst, Ausstellen, Vermittlung und Bildung. Sie arbeiten mit pädagogischen Methoden, analysieren mit künstlerischen Mitteln Bedingungen der Wissensproduktion und interagieren mit unterschiedlichen Gruppen von Teilnehmenden.[158]

---

156 Nora Sternfeld, Image, in: faxen, 38, 2000, S. 4–5.

157 Beatrice Jaschke, Nora Sternfeld, Einleitung. Ein educational turn in der Vermittlung, in: Schnittpunkt, Beatrice Jaschke, Nora Sternfeld (Hg.), educational turn, Handlungsräume der Kunst- und Kulturvermittlung, Wien 2012, S. 13–26, hier S. 15–16.

158 Carmen Mörsch, Zeit für Vermittlung, Vorwort, http://www.kultur-vermittlung.ch/zeit-fuer-vermittlung/v1/?m=0&m2=1&lang=d, abgerufen am 12.2.2018.

Über partizipative Strategien und das Aufgeben der Kontrolle

Partizipation ist ein Schlagwort, das immer wieder in Zusammenhang mit Vermittlung genannt wird. Carmen Mörsch definiert verschiedene Kategorien von Partizipation anhand des Grades der Beteiligung der Besucher_innen. Sie bezeichnet Vermittlungsformate als rezeptiv, die von den Besucher_innen erwarten, hauptsächlich zuzuhören. Das sind Führungen oder Lesungen, aber auch schriftliche Informationen wie Wandtexte, Begleithefte, Kataloge oder Informationen zum Abrufen im Internet. Im Gegensatz dazu fordert die interaktive Vermittlung die Besucher_innen zur Teilnahme auf. Darunter fallen Gespräche oder Diskussionen. Die Möglichkeiten der Beteiligung sind von der Vermittlung vorausgeplant. Haben die Besucher_innen selbst die Möglichkeit, die Vermittlungssituation (mit) zu gestalten, bezeichnet Mörsch diese als partizipativ. Es geht dabei auch darum, wer in der Position ist, Partizipation zu erlauben, und dann auch die Verantwortung dafür trägt.

Einen Schritt weiter geht die Beteiligungsform der Kollaboration. Von einer solchen lässt sich sprechen, wenn sowohl der Rahmen als auch die Thematik und Methode eines Vermittlungsprojektes gemeinsam entwickelt werden. Oft kann dies zu Interessenkonflikten führen, die eine Analyse der Machtverhältnisse nötig machen. Es besteht einerseits die Gefahr einer Instrumentalisierung von Beteiligten zugunsten der Institution, andererseits können gute Absichten der Institution auch zu einer Bevormundung der Beteiligten führen. Der Prozess erfordert viel Reflexion von allen Seiten. Wird den Beteiligten echte Mitgestaltung ermöglicht, kann dies spannende Impulse zur Weiterentwicklung einer Institution setzen. In manchen Fällen kann es schließlich auch vorkommen, dass eine Gruppe von außen ein Vermittlungsprojekt in einer Institution einfordert. Hier spricht Mörsch von einem reklamierenden Beteiligungsgrad.

Unterschiedliche Lehr- und Lernkonzepte und deren Umsetzung in der Vermittlungssituation

Diese Formen unterschiedlicher Beteiligung korrelieren mit verschiedenen Lehr- und Lernkonzepten. Sie reichen von dem Ansatz, dass man am besten durch Zuhören lernt, bis zu handlungsorientierten Lehr- und Lernformen, die weniger die Wissensvermittlung als zentral ansehen, sondern Lernen als selbstgesteuerten Prozess von Sinnkonstruktion durch Handeln und Interpretationsleistungen verstehen. Es geht um die Herstellung von Bedeutung in einem zirkulären Prozess, der auf aktivem Handeln, konkreter Erfahrung, Reflexion und dem daraus resultierenden Entwickeln abstrakter Konzepte beruht. Die Lehrenden treten dabei aus der Rolle des Instruierens heraus in eine begleitende, moderierende Haltung und gestalten eine möglichst anregende Lernumgebung. Soziale Faktoren und Emotionen sind wichtig für den Lernprozess. Gerade die Vermittlung im Museum wird von vielen als ideal für offenes Lernen angesehen, das auf Selbststeuerung, Entdecken und Eigentätigkeit beruht.[159]

Kritik an diesen offenen Lernformen äußert Nora Sternfeld.[160] So sei es keineswegs egalitär, Besucher_innen eine Ausstellung selbst erkunden zu lassen mit dem Ziel, eigene Bezüge dazu zu finden. Mit Pierre Bourdieu zeigt sie, dass diese scheinbar natürliche Begabung der Besucher_innen zu Spontaneität, Kreativität und Fantasie viel eher bei Personen mit bildungsbürgerlichem Hintergrund auftritt. Insofern verstärke der vermeintlich demokratische Zugang die Unterschiede der sozialen Herkunft.[161] Indem gewisse »Betrachtungsweisen von Kunst oder Herange-

159 Ebenda.

160 Nora Sternfeld, Der Taxispielertrick. Vermittlung zwischen Selbstregulierung und Selbstermächtigung, in: schnittpunkt – Beatrice Jaschke, Charlotte Martinez-Turek, Nora Sternfeld (Hg.), Wer spricht? Autorität und Autorschaft in Ausstellungen, Wien 2005, S. 15–33, hier S. 22f.

161 Pierre Bourdieu/Margareta Steinrücke, Wie die Kultur zum Bauern kommt. Über Bildung, Schule und Politik, Hamburg 2001.

hensweisen an Wissen« vorausgesetzt und das zum Verständnis nötige Wissen, die entsprechenden Mittel und Techniken nicht vermittelt werden, sind Personen, die dieses Wissen nicht bereits innehaben, benachteiligt und trauen sich oft auch nicht, danach zu fragen. Im Sinne der Gleichberechtigung sollte es daher Aufgabe der Vermittlung sein, gleiche Wissensvoraussetzungen zu schaffen, damit auf dieser gemeinsamen Grundlage weitere Prozesse stattfinden können.

Vermittlung als Chefsache

In den 2010er Jahren wächst das Interesse der Kultur- und Bildungspolitik an Vermittlung stark. Die Öffentlichkeit schenkt ihr zunehmend Beachtung[162], und auch innerhalb vieler Institutionen gewinnt die Vermittlung an Gewicht. Viele Museumsleitungen erkennen, dass sie ein relevanter Faktor bei der Generierung von Besucher_innenzahlen ist und eine Möglichkeit, das Haus und seine Präsentationen zu positionieren. Niemand stellt mehr grundsätzlich in Frage, dass Vermittlung notwendig ist, und zahlreiche Studien belegen, dass das In-Anspruch-Nehmen einer Vermittlungsaktivität die Qualität eines Museumsbesuches verbessert und teilweise auch die Motivation für diesen darstellt.[163]

Politische Entscheidungsträger und Fördereinrichtungen lenken ihren Blick zunehmend auf die Aktivitäten der Vermittlung. Dies führt zu einer Veränderung im Feld. Es wird zunehmend erforderlich, Position zu beziehen und mit unterschiedlichen Methoden und Begründungen zu argumentieren. Diese Legitimationsstrategien gehen immer von bestimmten gesellschaftlichen

162 Carmen Mörsch, Zeit für Vermittlung, Vorwort, http://www.kultur-vermittlung.ch/zeit-fuer-vermittlung/v1/?m=0&m2=1&lang=d, abgerufen am 12.2.2018.

163 Wencke Maderbacher, Sandra Malez, Kulturvermitteln – Vom Prekariat zum Beruf, in: neues museum 1, 2018, S. 62–64.

Vorstellungen, Bildungsabsichten oder einem gewissen Kunstverständnis aus. In Großbritannien geht man so weit, öffentliche Förderungen für Kulturinstitutionen von deren Vermittlungsangeboten abhängig zu machen.[164]

Nicht alle Einrichtungen reagieren auf das gesteigerte Interesse der Besucher_innen an Kulturvermittlung mit der Aufstockung ihres Personals. Es werden zwar meist mehr Programme angeboten, aber entweder muss eine gleichbleibende Anzahl von Vermittler_innen sie bewältigen, oder es werden externe Kräfte herangezogen. Spanier sieht darin eine Erhöhung des Konkurrenzdrucks und steigende Leistungs- und Qualifikationserwartungen an die Vermittler_innen.[165]

Lebenslanges Lernen zwischen Chance und Zwang

Die Institution Museum wird immer wieder mit der Idee des lebenslangen Lernens in Verbindung gebracht. Man geht davon aus, dass Museumsbesucher_innen das Museum mit mehr Wissen, Fähigkeiten, Verständnis oder Inspiration verlassen, als sie es betreten haben. Carmen Mörsch kritisiert jedoch am Anspruch lebenslangen Lernens, es werde meist unhinterfragt davon ausgegangen, dass es sich dabei um etwas Positives handelt. Dabei sei aus der Forderung der 1970er Jahre nach der Möglichkeit, lebenslang lernen zu dürfen, im Sinne eines demokratischen Zugangs zu Bildung mittlerweile ein unausgesprochener Imperativ geworden. Um wettbewerbsfähig zu bleiben, müsse man sich ständig weiterbilden, flexibel bleiben und sich optimieren. Museen würden als ideale Orte gesehen, um so genannte Soft Skills,

164 Carmen Mörsch, Zeit für Vermittlung, Vorwort, http://www.kultur-vermittlung.ch/zeit-fuer-vermittlung/v1/?m=0&m2=1&lang=d, abgerufen am 12.2.2018.

165 Lisa Spanier, Kunst- und Kulturvermittlung im Museum. Historie – Bestandsaufnahme – Perspektiven, Düsseldorf 2014, S. 210–211.

gewisse Charaktereigenschaften oder persönliche Haltungen zu erwerben, wie zum Beispiel mehr Selbstbewusstsein, Persönlichkeitsentwicklung, Inspiration und Kreativität. Hier mahnt Mörsch eine kritische Haltung anzunehmen und warnt davor, dass die Vermittlung sich unreflektiert instrumentalisieren lasse. Sie fordert eine pädagogische Reflexivität, die aber keinesfalls aufhört, Freude am Lernen und an der eigenen Weiterentwicklung zu vermitteln.[166]

UNESCO und die wirtschaftlichen Interessen an der Kulturvermittlung

Im Jahr 2006 veranstaltet die UNESCO in Lissabon die erste »World Conference on Art Education«. Dabei geht es um die Bedeutung von kultureller Bildung für die Wirtschaft im post-industriellen Zeitalter und für das Leben in einer globalen Gesellschaft. Sie soll den sozialen Zusammenhalt verbessern, Respekt für kulturelle Diversität erzeugen, die Wertschätzung für das kulturelle Erbe fördern sowie Lernerfolge, Konfliktlösung, Teamwork, kreative Strategien und künstlerische Kreativität verbessern. Als Ziel wird formuliert, dass Kinder durch kulturelle Bildung ihren Platz in einer globalisierten Welt finden sollen, ohne ihre Identität zu verlieren.[167] Drei Jahre später, 2009, wird das europäische Jahr der Kreativität und Innovation ausgerufen. Die Europäische Union stellt Fördermittel zur Verfügung, weil sie davon ausgeht, dass Kreativität und Innovation zu wirtschaftlichem Wohlstand und gesellschaftlichem sowie individuellem Wohlbefinden führen.[168]

---

166 Carmen Mörsch, Zeit für Vermittlung, Vorwort, http://www.kultur-vermittlung.ch/zeit-fuer-vermittlung/v1/?m=0&m2=1&lang=d, abgerufen am 12.2.2018.

167 http://www.unesco.org/new/en/culture/themes/creativity/arts-education/world-conferences/2006-lisbon/aims/, abgerufen am 18.3.2018.

168 Carmen Mörsch, Zeit für Vermittlung, Vorwort, http://www.kultur-vermitt

2010 veröffentlicht die UNESCO bei der zweiten World Conference on Arts Education in Seoul eine »Roadmap for Art Education«, auch »Leitfaden für kulturelle Bildung« genannt. Darin betont sie die Wichtigkeit von Kulturvermittlung auf breiter Basis als Menschenrecht, auch für benachteiligte Gruppen, um eine kreative Gesellschaft zu bilden, die sich ihrer kulturellen Werte bewusst sei. Zu diesem Zweck solle das kreative Potenzial der Künste genutzt werden. Künstlerische Prozesse fördern laut der Roadmap nicht nur die Kreativität jedes Einzelnen, sondern auch die emotionale Intelligenz, das moralische Empfinden, die Fähigkeit kritischer Auseinandersetzung sowie Autonomie im Handeln und Denken. Außerdem verbesserten sie das kognitive Denken und steigerten die Relevanz des Gelernten für die aktuelle Gesellschaft. Sowohl Erwachsene als auch Kinder sollten am kulturellen und künstlerischen Leben teilhaben, um von diesen positiven Effekten zu profitieren. Entsprechend wird gefordert, kulturelle Bildung zu einem verpflichtenden Teil des Lehrplans zu machen. Die dadurch erreichten Fähigkeiten seien angesichts der gesellschaftlichen Veränderungen speziell für Kinder im 21. Jahrhundert hilfreich. Ein besonderes Augenmerk richtet die UNESCO dabei auf die emotionale Entwicklung, die durch kulturelle Bildung gefördert werde und zu einer friedlicheren Gesellschaft führen solle. Weitere Vorteile sieht die Roadmap auch darin, dass kulturelle Bildung dazu beitrage, Arbeitskräfte flexibler und anpassungsfähiger zu machen, sodass sie sich besser auf die sich ständig ändernden Bedingungen einstellen könnten. Die Vorteile für die Wirtschaft und die Kreativindustrie werden explizit hervorgehoben. Kulturelle Bildung wird hier als Investition in die Zukunft einer Nation verstanden.[169]

---

lung.ch/zeit-fuer-vermittlung/v1/?m=0&m2=1&lang=d, abgerufen am 12.2.2018.

169 http://www.unesco.org/new/fileadmin/MULTIMEDIA/HQ/CLT/CLT/pdf/Arts_Edu_RoadMap_en.pdf, abgerufen am 18.3.2018.

Dieser Entwurf ist nicht ohne Kritik geblieben. Carmen Mörsch wendet ein, es gehe der UNESCO hier weniger darum, die Urteilsfähigkeit und Selbstbestimmung von Menschen im Umgang mit Kulturgütern zu fördern, sondern »Art Education« zu instrumentalisieren, um Menschen durch kulturelle Bildung besser auf die Anforderungen des wirtschaftlichen Wettbewerbs vorzubereiten. Die Roadmap betone so genannte Transfereffekte der Vermittlung, die individuelle Leistungssteigerung und besseres Sozialverhalten bewirken sollen. Außerdem weist Mörsch die durch die UNESCO als positiv postulierten Kategorien der Selbstoptimierung oder des guten Lebens als hegemonial zurück. Stattdessen sei ein kritischer Umgang mit Vermittlung jenseits des Effizienzdenkens erforderlich.[170] Die Roadmap geht von der Prämisse aus, kulturelle Bildung mache Menschen »zufriedener, sozial anpassungsfähiger, kognitiv flexibler, risiko- und leistungsbereiter«.[171] Genau hier sieht Mörsch hegemoniale Bildungsansprüche und die forcierte Einbindung in eine neoliberale Agenda. Das wachsende Interesse von Politik und Wirtschaft an Kulturvermittlung und ästhetischer Bildung sei tatsächlich durch günstige Nebeneffekte begründet, die mit ihnen einhergehen sollen.[172]

Die Erwartung solcher positiven Aspekte ist Gegenstand von Forschungen, die sich vor allem bemühen, diese Effekte zu bestätigen oder zu verwerfen. Eine Vermittlung, die von ihrer Wirksamkeit abhängig ist, muss diese natürlich auch beweisen. Das Institut für Art Education an der Züricher Hochschule der

170 Carmen Mörsch, Zeit für Vermittlung, Vorwort, http://www.kultur-vermittlung.ch/zeit-fuer-vermittlung/v1/?m=0&m2=1&lang=d, abgerufen am 12.2.2018.

171 Österreichische UNESCO-Kommission, UNESCO-Dokumente zur kulturellen Bildung, Leitfaden für kulturelle Bildung (Road Map for Arts Education), Lissabon 2006, S. 10.

172 Carmen Mörsch, Sich selbst widersprechen, Kunstvermittlung als kritische Praxis innerhalb des educational turn in curating, in: Schnittpunkt, Beatrice Jaschke, Nora Sternfeld (Hg.), educational turn, Handlungsräume der Kunst- und Kulturvermittlung, Wien 2012, S. 64–65.

Künste unter Carmen Mörsch positioniert sich bewusst gegen diese Instrumentalisierung von Vermittlung und kultureller Bildung im Sinne ihrer Verwertbarkeit. In der Tradition feministischer Wissenschaftskritik werden hier zum Beispiel die gesellschaftlichen Vorstellungen hinterfragt, die hinter den von der UNESCO formulierten Zielen stehen. Allerdings schlagen sich die im Feld der Vermittlung generierten Erkenntnisse meist nicht im allgemeinen Diskurs nieder.

Als Reaktion auf die Roadmap der UNESCO formiert sich ab 2016 eine kritische Auseinandersetzung mit dem Papier unter dem Titel »Another Roadmap«. Arbeitsgruppen aus verschiedenen Ländern solidarisieren sich in einem hegemoniekritischen Diskurs und einem internationalen Forschungsprojekt, das die in der Roadmap formulierte Positionierung der kulturellen Bildung als neoliberal interpretiert und nicht als gegeben annimmt. Dem werden Bemühungen gegenübergestellt, Alternativen aufzuzeigen und neue Paradigmen zu entwickeln.[173]

Verlernen als Vermittlungsstrategie – Bemühungen um eine neue Perspektive

In diesem Zusammenhang kommt der Aspekt des Verlernens als etwas in den Blick, das für die Vermittlung und ihr Vorgehen – in einem kritischen Sinne – von Relevanz ist. Verlernen meint dabei nicht Vergessen oder den Verlust einer Fähigkeit. Vielmehr bedeutet es, überkommene »Glaubenssätze, Logiken, Routinen, Umgangsweisen, Hierarchien und Strukturen« fallen zu lassen, um so eine neue Sicht auf gewisse Dinge zu erlangen, »sich selbst und die Welt anders und neu zu verstehen«.[174] »Verlernen ist eine aktive kritisch-kollektive Intervention. Es geht dabei darum, he-

173 https://colivre.net/another-roadmap/project-history, abgerufen am 18.3.2018.

174 Büro trafo.K, Vorwort: Was heißt Ver_lernen in der Praxis?, in: Büro trafo.K: Ines Garnitschnig, Renate Höllwart, Elke Smodics, Nora Sternfeld, Strate-

gemoniale Wissensproduktionen zu hinterfragen – und zwar bezüglich Form, Inhalt und Protagonist_innen«.[175]

Das Konzept des Verlernens will aufzeigen, dass das, was landläufig als objektiv oder normal gilt, meist aus einer ganz bestimmten Perspektive als neutral behauptet wird, und zwar aus Sicht einer meist männlichen, weißen und heterosexuellen Person. Hervorgehoben wird ferner, dass so genanntes »Allgemeinwissen« eben nicht allgemein sei, sondern bestimmte Formen von Wissen bevorzuge und andere entwerte.[176] Die Methode des Verlernens integriert insofern die post- oder dekolonialen Theorien, die in der Wissenschaft schon durchaus etabliert sind, in die Vermittlung.

Diese kritischen Ansätze der letzten Jahre führen allerdings zu einer Verunsicherung der Akteur_innen in der Vermittlung. Wie kann eine Vermittlung aussehen, die sich postkolonial und kritisch gegenüber Ideologien, Hegemonien, bürgerlichen, institutionellen und paternalistischen Ansätzen positioniert? Was bleibt dann noch übrig von den ursprünglichen Idealen der Öffnung der Institutionen, der Idee, Besucher_innen freie Assoziationen zu ermöglichen, oder dem Einsatz interaktiver Strategien? Nora Sternfeld sieht das Ziel der kritischen Auseinandersetzung der Vermittlung im Aufzeigen der institutionellen Konstruktion von Werten, Wahrheiten und Geschichten. Dies führt dazu, dass sich der Blick auf die Besucher_innen ändert. Aus dieser kritischen Perspektive heraus ist es nicht mehr möglich, sie als Personen zu sehen, »die es aufzuklären und zur Mündigkeit zu führen« gilt.[177]

---

gien für Zwischenräume. Ver_lernen in der Migrationsgesellschaft, Schulheft 165/2017, Wien 2017, S. 7–11, hier S. 7.

175 Alisha M. B. Heinemann, Maria do Mar Castro Varela, Ambivalente Erbschaften. Verlernen erlernen, in: ebenda, S. 28–37, hier S. 29.

176 Nora Sternfeld, Was wächst in Zwischenräumen? Ein theoretischer Begriff im Hinblick auf die Praxis, in: ebenda, S. 21–27, hier S. 21.

177 Nora Sternfeld, Das gewisse Savoir/Pouvoir. Möglichkeitsfeld Kunstvermittlung, in: Thorsten Meyer, Johannes M. Hedinger (Hg.), What's next? Kunst nach der Krise. Ein Reader, Berlin 2013, S. 28.

Sternfeld konstatiert damit eine Veränderung in der Kritik. Diese erhebt nicht mehr den Anspruch, außerhalb der Machtverhältnisse zu stehen, sondern sieht sich selbst mitten in den Diskursen, auf die sie sich bezieht. Daraus folgt eine Verdoppelung der Kritik, die sowohl das Außen als auch die eigene Position kritisiert. Diesen Effekt nennt Irit Rogoff »Kritikalität«.[178]

Das Potenzial der Vermittlung sieht Sternfeld nun gerade darin, dass sie an Orten stattfindet, an denen der Wertekanon produziert und reproduziert wird. Genau deshalb sind Ausstellungen für sie »an der Schnittstelle von Herrschaft und Befreiung angesiedelt«. Das gibt der Vermittlung an diesen Orten die Möglichkeit, durch Kritik und das Erzeugen von Gegenerzählungen im sozialen Raum zu handeln. Auch diese Kritik und diese Gegenerzählungen stehen nicht außerhalb von Machtverhältnissen; sie können nur durch das Offenlegen ihrer Positioniertheit verhindern, selbst wieder hegemonial zu werden.

Sternfeld benutzt den Begriff des »Verlernens«, um eine kritische Distanz zu überkommenen Werten oder Qualitätsvorstellungen zu erlangen. Sie schlägt vor, die klassische Vorstellung fallen zu lassen, Vermittler_innen seien die, die Wissen haben und die es den Besucher_innen, die Wissen brauchen, zur Verfügung stellen. Stattdessen plädiert sie dafür, die Vermittlungsaktion als »Raum kollektiven Handelns« wahrzunehmen, mit einem echten Potenzial auf Veränderung, das über reines Mitmachen hinausgeht. Ausstellungsinstitutionen sind für sie nicht Orte, die allen offenstehen, sondern noch konsequenter gedacht Orte, die allen gehören, was Veränderungen der Definitionsmachtverhältnisse mit sich bringt. Diese Sichtweise bringt auch Veränderungen für das Verständnis von Vermittlung mit sich, die dann, um die von Carmen Mörsch eingeführten Kategorien zu verwenden, nicht nur affirmativ oder reproduktiv, sondern auch dekonstruktiv und transformativ sein werden.

---

178 Irit Rogoff, Vom Kritizismus über die Kritik zur Kritikalität, in: translate webjournal, 8, 2006, zitiert in ebenda, S. 29.

An diesem Punkt überschreitet Vermittlung den Punkt der Reflexion und wird zur Handlungsmöglichkeit. Geht es ihr um echte Kollaboration, muss sie zulassen, dass etwas Unvorhergesehenes passieren kann und gesellschaftliche oder institutionelle Übereinkünfte nicht nur hinterfragt, sondern auch aktiv verändert werden. Vermittlung ist dann nicht mehr nur Wissenstransfer, sondern die Auseinandersetzung mit unterschiedlichen Wissensformen.[179]

Analog zu dem Verhältnis zwischen Besucher_innen und Vermittler_innen gibt Sternfeld in Anlehnung an die Theorien von Bruno Latour auch den Objekten aufgrund ihrer Materialität, Geschichte und Positioniertheit eine Handlungsmacht.[180] In einer Vermittlungsaktivität würden nach diesem System drei Wissensformen interagieren: das Wissen der Objekte und der Institution, das der Besucher_innen und das der Vermittler_innen.[181]

Und was bedeutet Kulturvermittlung heute?

Ein Grundprinzip der vermittlerischen Arbeit ist es, durch den direkten Kontakt mit den Besucher_innen an die aktuelle gesellschaftliche Situation angebunden zu sein. Dies sichert eine ständige Veränderung und Aktualisierung der Disziplin. Insofern muss keine Stagnation befürchtet werden. Dazu genügt es, die Impulse, die vom Publikum und aus der Gesellschaft kommen, aufzunehmen, kritisch zu prüfen und in die tägliche Arbeit zu integrieren. Werden diese Tendenzen weiterkommuniziert, dann laufen auch die Institutionen nicht Gefahr, den Kontakt zu ihren Besucher_innen zu verlieren.

---

179 Ebenda, S. 31.

180 Bruno Latour, Von der Realpolitik zur Dingpolitik, Berlin 2005, zitiert nach ebenda, S. 32.

181 Ebenda, S. 32.

Dabei steht der Anspruch im Zentrum, den Projektprozess so offen zu gestalten, dass Raum entsteht für unerwartete Begegnungen, nicht planbare Situationen – als Rahmenbedingung für emanzipatorische Handlungen und solidarische Verbindungen –, indem ein Wissensaustausch untereinander und eine gemeinsame Wissensproduktion miteinander stattfinden, mit dem Ziel der Hinterfragung und Veränderung von rassistischen, sexistischen, klassistischen und anderen diskriminierenden gesellschaftlichen Verhältnissen.[1]

Elke Smodics, 2017

1 Elke Smodics, Ines Garnitschnig, Im Zwischenraum von Teilhabe und Teilgabe. Das Projekt »Strategien für Zwischenräume. Neue Formate des Ver_lernens in der Migrationsgesellschaft«, in: Büro trafo.K: Ines Garnitschnig, Renate Höllwart, Elke Smodics, Nora Sternfeld, Strategien für Zwischenräume. Ver_lernen in der Migrationsgesellschaft, Schulheft 165/2017, Wien 2017, S. 14.

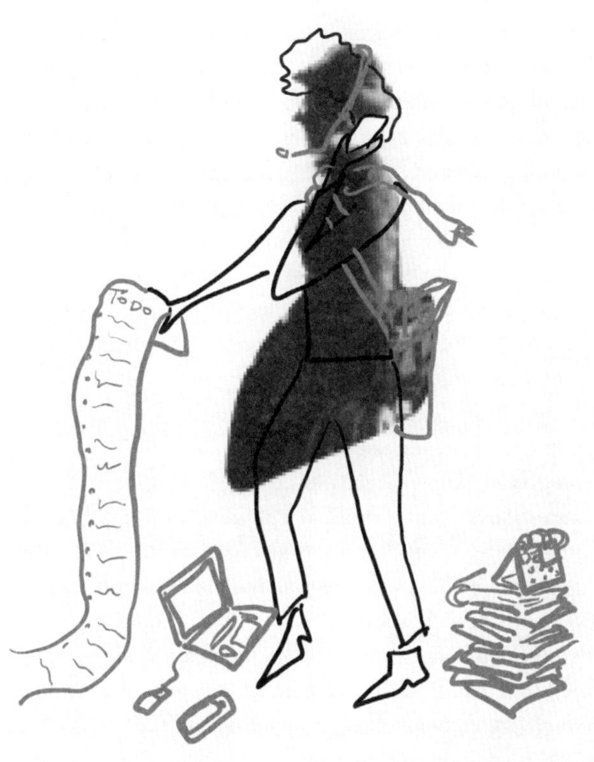

OrganisatorInnen

Illustration: Valerie Tiefenbacher

5. Theoriebildung auf dem Weg in die wissenschaftliche Eigenständigkeit

Der Lernort Museum und das Verhältnis von Theorie und Praxis

Je stärker sich die Vermittlung als selbständiges Berufsbild sieht, desto intensiver werden die Bestrebungen nach einer eigenständigen wissenschaftlichen Fundierung des Fachgebietes. Weschenfelder und Zacharias sehen in ihrem 1981 erstmals erschienen »Handbuch Museumspädagogik« Vermittlung im wissenschaftlichen Kontext der Pädagogik und damit in Zusammenhang mit deren Methoden und Theorien. Sie warnen allerdings davor, die von Museen tradierten Ideologien über Kunst, Technik, Geschichte oder kulturelle Werte unhinterfragt zu vermitteln, und plädieren für eine kritische Betrachtung der Inhalte. Grundsätzlich fordern sie die Ausarbeitung einer eigenständigen Theorie und Praxis der Museumspädagogik sowie einer Didaktik, die auf den Lernort Museum abgestimmt ist.[1] In diesem Zuge beanstanden sie die mangelnde Dokumentation museumspädagogischer Arbeit durch Beobachtungen, Befragen der Teilnehmer_innen oder Fotodokumentationen, würde dies doch die Ergebnisse für andere übertragbar machen und eine Analyse ermöglichen.[2] Diese Forderung ist bis heute aus Mangel an Zeit und Ressourcen nicht großflächig umgesetzt und verweist damit auf eine weiterhin bestehende Lücke.

Vermittlung entwickelt sich aus einem Praxisfeld, in dem anfangs die Literatur zu Methoden und Best-Practice-Beispielen dominiert. Es wird immer wieder das Fehlen einer fundier-

1 Klaus Weschenfelder, Wolfgang Zacharias, Handbuch Museumspädagogik. Orientierungen und Methoden für die Praxis, Düsseldorf 1981, 2. Auflage 1988, S. 84–85 und 92.

2 Vgl. ebenda, S. 191.

ten fachspezifischen Theorie kritisiert. So schreibt Charmaine Liebertz 1988, die Museumspädagogik, die sie als »außerschulische Erziehung am Lernort Museum« bezeichnet, verfüge über keine fachimmanente Tradition. Als Ursache macht sie fehlende Ressourcen aus: »Die Museumspädagogik bleibt […] das Stiefkind der Kultur- und Bildungsexpansion der Museen.« Für die »Fundamentierung einer anerkannten Fachdisziplin« fordert sie personelle, räumliche und finanzielle Unterstützung. Sie sieht Museumspädagogik an der Schnittstelle von Museologie und Pädagogik und versteht diese daher als Bezugswissenschaften. Liebertz zeigt, dass viele praktische und rezeptive Ziele der Kunstpädagogik und der Museumspädagogik über eine lange Tradition verfügen, die im Diskurs manchmal übersehen wird. Sie tritt für eine staatlich anerkannte Ausbildung ein, die qualifizierte Personen zur Etablierung einer eigenen Vermittlungstheorie befähigt.[3]

Das Bemühen um eine Theoriebildung verstärkt sich dann in den 1990er Jahren. In vielen Forschungsprojekten wird die Vermittlung jedoch nur gestreift, die Zielsetzung geht in eine andere Richtung. Pädagogische Hochschulen konzentrieren ihre Forschungen auf die schulische Vermittlung. Andere Initiativen gehen von der Perspektive der Museen aus und untersuchen, welche Marketingstrategien für Museen als Lernorte erfolgversprechend sind oder wie sich die Digitalisierung auswirken wird.

Wirkung und Evaluation – der forschende Blick auf die Besucher_innen

Besucher_innenforschung kann unter verschiedenen Gesichtspunkten betrieben werden: neurowissenschaftlich, kultursoziologisch, kunstwissenschaftlich, künstlerisch und betriebswirtschaftlich. Die ältesten und am weitesten verbreiteten Formen der

3 Charmaine Liebertz, Kunstdidaktische Aspekte in der Museumspädagogik. Entwicklung und Gegenwart, Weinheim 1988, S. 1–2 und 265–267.

Forschung zur Vermittlung sind die Bestandsaufnahme und die Evaluation. Dabei geht es in erster Linie um den Nachweis, welche Wirkungen die Vermittlung auf die Teilnehmer_innen hat. Solche Ansätze sind auch heute noch am weitesten verbreitet. In Großbritannien und den USA werden schon in den 1940er Jahren Studien zum Bildungsauftrag und zur Vermittlungstätigkeit von Museen durchgeführt.[4]

Unter dem Schlagwort der Besucher_innenorientierung wird seit den 1970er Jahren über eine Öffnung von Museen diskutiert. Vermittlung spielt bei der kulturpolitischen Legitimierung der Institutionen eine zunehmende Rolle und erregt immer mehr die Aufmerksamkeit des Kulturmanagements. Dabei verfolgt man das Konzept des Museums als idealer Ort für lebenslanges Lernen außerhalb der Schule. Die Finanzierung öffentlicher Institutionen hängt oft davon ab, inwiefern diese Bildungsfunktion erfüllt wird. Ein großer Teil der Forschung über Vermittlung dient deshalb der Evaluation dieses Bildungseffektes.[5] Eilean Hooper-Greenhill entwickelt 2005 für die Museen, Bibliotheken und Archive in Großbritannien ein System, das es diesen erlauben soll, selbst die Wirkung ihrer Programme nachweisen zu können. »Generic Learning Outcomes« ermöglicht es den Institutionen, die Wirkung der Vermittlung auf die Besucher_innen selbst mittels Fragebögen und beobachtungsgeleiteten Erhebungen zu erheben.[6]

Die Methoden der Besucher_innenforschung kommen hauptsächlich aus der Sozialforschung. Es handelt sich dabei um quan-

4 Carmen Mörsch, Zeit für Vermittlung, Vorwort, http://www.kultur-vermittlung.ch/zeit-fuer-vermittlung/v1/?m=0&m2=1&lang=d, abgerufen am 12.2.2018.

5 Carmen Mörsch, In Verhältnissen über Verhältnisse forschen: Kunstvermittlung in Transformation als Gesamtprojekt, in: Bernadette Settele, Carmen Mörsch (Hg.), Kunstvermittlung in Transformation. Perspektiven und Ergebnisse eines Forschungsprojektes, Zürich 2012, S. 299–317, hier S. 304–5.

6 Vgl. ebenda, S. 304 mit Bezug auf Eilean Hooper-Greenhill (Hg.), Museums and education – Purpose, pedagogy, performance, London 2007.

titative und qualitative Verfahren wie Beobachten, Aufzeichnen des Verhaltens von Besucher_innen, Abfragen von demografischen Daten, Meinungen und Einstellungen. Die Untersuchungsmethode des »lauten Denkens« stammt aus der Psychologie und fordert Teilnehmer_innen dazu auf, ihren Gedankenfluss während einer Tätigkeit laut auszusprechen, sodass dieser aufgezeichnet werden kann.[7]

Oft sind es Förderinstitutionen, die Besucher_innenforschung in Auftrag geben. Sie verfolgen dabei das Ziel der Evaluation und Optimierung der Vermittlung. Entsprechend kritisiert Carmen Mörsch die mangelnde Ergebnisoffenheit als wissenschaftliches Prinzip, da der Fortbestand der Institution vom Ausgang der Evaluation abhängen kann. Diese Konstellation bewirkt, dass kritische Ansätze, die im Fachdiskurs der Vermittlung längst diskutiert und berücksichtigt werden, oft keinen Eingang in die Besucher_innenforschung finden. Als Beispiele nennt Mörsch die Selbstreflexivität der Forschung und einen kritischen Ansatz in Bezug auf Machtverhältnisse, die Position von Forscher_innen und Beforschten, die Verstricktheit der Museen in den Kolonialismus und ihre Funktion als hegemoniale Disziplinierungsanstalt sowie das grundsätzliche Konzept lebenslangen Lernens unter neoliberalen Vorzeichen. Aus diesen Gründen trägt Besucher_innenforschung laut Mörsch in der Regel nicht zur Weiterentwicklung einer eigenständigen, theoretisch fundierten Praxis der Vermittlung bei, sondern definiert und bewertet sie aus der Perspektive institutioneller Zielvorgaben.

documenta 12 und die forschende Begleitung der Vermittlung

Die Konzeption der Vermittlung auf der documenta 12 im Jahr 2007 bewirkt eine intensive Hinwendung zur Reflexion aber auch eine kritische Haltung innerhalb der Vermittlung. Sowohl der

7 Vgl. ebenda, S. 304–305.

künstlerische Leiter der documenta, Roger M. Buergel, als auch die Kuratorin Ruth Noack sehen Bildung als Leitmotiv und erklären die Vermittlung zur Chefsache.[8] Vermittlung ist integraler Teil der Ausstellung, und ihre wissenschaftliche Begleitung wird unter der Leitung von Carmen Mörsch in das Budget mitaufgenommen.[9] Ziel ist es, die Praxis zu analysieren und zu theoretisieren und das so gewonnene Wissen wieder in die zukünftige Praxis zu transferieren.[10] Hierbei geht es nicht darum, die Bedingungen des Gelingens einer Vermittlungsaktion zu erforschen und deren Wirkung auf das Publikum zu untersuchen, sondern vorgefasste Annahmen und Setzungen aufzudecken und zu hinterfragen. Dies betrifft die Haltung gegenüber der eigenen Arbeit, das Verhältnis zur Institution, zu deren Machtverhältnissen und zur Gesellschaft.[11]

Carmen Mörsch definiert in ihrer Analyse vier mögliche Diskurse, die im Zuge einer Vermittlungssituation stattfinden können. Im affirmativen Diskurs vertritt die Vermittlung die Institution nach außen und wendet sich an von vornherein interessierte Besucher_innen. Der reproduktive Diskurs versucht das Publikum von morgen heranzubilden, wendet sich an Personen, die nicht von selbst ins Museum kommen würden, und will Schwellen-

8 Carmen Mörsch, Am Kreuzungspunkt von vier Diskursen: Die documenta 12 Vermittlung zwischen Affirmation, Reproduktion, Dekonstruktion und Transformation, in: Carmen Mörsch, Forschungsteam documenta 12 Vermittlung (Hg.), Kunstvermittlung 2. Zwischen kritischer Praxis und Dienstleistung auf der documenta 12, Zürich, Berlin 2009, S. 9–33, hier S. 24.

9 Ruth Noack, Die Ausstellung als Medium. Das Vermittlungskonzept der documenta 12, in: ebenda, S. 333. Carmen Mörsch weist allerdings darauf hin, dass die tatsächlichen Aktivitäten der Vermittlung nicht budgetiert wurden und sich selbst tragen mussten. Vgl. Carmen Mörsch, Am Kreuzungspunkt von vier Diskursen: Die documenta 12 Vermittlung zwischen Affirmation, Reproduktion, Dekonstruktion und Transformation, in: ebenda, S. 26.

10 Ebenda, S. 31.

11 Carmen Mörsch, Grußwort, in: Schnittpunkt, Beatrice Jaschke, Nora Sternfeld (Hg.), educational turn, Handlungsräume der Kunst- und Kulturvermittlung, Wien 2012, S. 9.

ängste abbauen. Der dekonstruktive Diskurs hat die Funktion, die Institution, die Kunst sowie die Bildungs- und Kanonisierungsprozesse in diesem Kontext kritisch zu hinterfragen. Er geht von der Prämisse aus, dass Ausstellungsorte und Museen über eine gesellschaftlich zurichtende und disziplinierende Funktion verfügen, somit als Distinktions, Exklusions- und Wahrheitsmaschinen fungieren, die es zu dekonstruieren gilt. Der transformative Diskurs hat das Ziel, die Institution Museum in Zusammenarbeit mit dem Publikum offenzulegen und sie zu kritisieren, um sie dann gemeinsam zu verändern, sodass sie im politischen Sinn zu einer Akteurin gesellschaftlicher Mitgestaltung werden kann.[12] Die Vermittlung will die Institution, in der sie stattfindet, nicht unberührt und nicht unverändert lassen. Charakteristisch für eine kritische Vermittlung ist es laut Mörsch, die eigene Position als Vermittler_in sichtbar zu machen, den am Prozess Beteiligten Werkzeuge zur Aneignung von Wissen zur Verfügung zu stellen, sich reflexiv zur Bildungssituation zu verhalten, die an der Vermittlungssituation Beteiligten mit deren spezifischem Wissen ernst zu nehmen und es sich zur Aufgabe zu machen, die Herstellung von Kategorien wie Geschlecht, Ethnizität oder Klasse zu thematisieren und mit den Beteiligten eine Gegenerzählung zu erzeugen.[13]

Das nun schon mehrfach angesprochene Bildungsverständnis ist als statisch zu bezeichnen, wenn die Positionen von Lehrenden und Lernenden klar getrennt und die transportierten Inhalte vordefiniert sind. Von einem selbstreflexiven Bildungsverständnis ist die Rede, wenn Bildung selbst zum Gegenstand der Dekonstruktion wird. Dies geschieht durch kritisches Überprüfen der Inhalte, Adressat_innen, Methoden und der in diese Bereiche ein-

---

12 Carmen Mörsch, Am Kreuzungspunkt von vier Diskursen: Die documenta 12 Vermittlung zwischen Affirmation, Reproduktion, Dekonstruktion und Transformation, in: Carmen Mörsch, Forschungsteam documenta 12 Vermittlung (Hg.), Kunstvermittlung 2. Zwischen kritischer Praxis und Dienstleistung auf der documenta 12, Zürich, Berlin 2009, S. 9–33.

13 Ebenda, S. 20–21.

geschriebenen Machtverhältnisse, gemeinsam mit den Besucher_innen.[14] Die Positionen von Lehrenden und Lernenden können dabei wechseln, der Bildungsprozess erfolgt in beide Richtungen, eingeschränkt freilich durch den Umstand, dass die Machtverhältnisse situationsbedingt nie ganz gleich sind.[15]

Was bedeutet Vermittlung als Forschung? – Teambasierte Aktionsforschung

Eine forschende Haltung innerhalb der vermittlerischen oder künstlerischen Praxis einzunehmen gehört zu den neuen methodischen Ansätzen im universitären Feld der 2010er Jahre. Das 2010 lancierte Online Magazin »Art Education Research« an der Züricher Hochschule der Künste ist Ausdruck dieser Tendenz. Es geht nicht nur darum, das Verhältnis der Vermittler_innen zur Institution zu befragen, in der sie tätig sind, um sie letztendlich zu verändern. Angenommen wird vielmehr, dass die in der Vermittlung Tätigen über ein großes Ausmaß an Praxiswissen verfügen, das für die Forschung und Weiterentwicklung der Disziplin fruchtbar gemacht werden könne. Versteht man Vermittlung als Forschung, so genügt es aber nicht, die eigene Praxis zu reflektieren, sondern es bedarf zusätzlich der Wissenschaftlichkeit der Methoden und der Einbeziehung des aktuellen Forschungsstandes.

Ziel ist eine Zusammenarbeit zwischen Praktiker_innen und Theoretiker_innen in einem gemeinsamen teambasierten Prozess, der Handlung und Wissensproduktion verbindet. Dieser soll die Qualität sowohl des Diskurses als auch der Praxis verbessern. Dazu wird die Methode der teambasierten Aktionsforschung he-

14 Zur Bezeichnung des Gegenübers in Vermittlungssituationen siehe Angelika Doppelbauer, Beziehungsarbeit. Gedanken zur Vermittlung im Museum der Zukunft. In Anna Maria Loffredo (Hg.), Causa didactica. Professionalisierung in der Kunst/Pädagogik als Streitfall, München 2018, i. E.

15 Vgl. ebenda, S. 13.

rangezogen, die in der Pädagogik entwickelt und für die Vermittlung weiterentwickelt wurde.[16] Das Besondere an diesem Ansatz ist, dass die Praktiker_innen selbst zu Forscher_innen werden und nicht Forscher_innen den Prozess der Praktiker_innen begleiten. In der Aktionsforschung nehmen die »reflexiven Praktiker_innen« eine forschende Haltung gegenüber ihrem eigenen Tun ein und beziehen die aktuellen Forschungsergebnisse in ihre Arbeit mit ein. Dadurch entsteht ein Prozess der Selbstbildung der Beteiligten, der zu einer persönlichen und professionellen Weiterentwicklung führt.[17] Das Forschen im Team gewährleistet durch methodisch kontrollierte Subjektivität eine Multiperspektivität der Zugänge und soll einer Betriebsblindheit gegenüber der eigenen Praxis entgegenwirken. Außerdem bietet das Team gegenseitige Unterstützung durch gemeinsamen Austausch und gemeinsame Reflexion. Somit lassen sich neue Ideen für den eigenen Forschungsprozess finden und eigene Ideen diskutieren. Die unterschiedlichen Expertisen der Beteiligten schaffen neue Erkenntnispotenziale. Die teambasierte Aktionsforschung ist zudem ein qualitatives Verfahren, das eine große Offenheit und Flexibilität gegenüber dem Forschungsgegenstand zulässt.[18] Die Forscher_innen sammeln als Forschungsdaten die Informationen, die sie für ihre Fragestellung als relevant erachten.

Die wichtigste Methode der Aktionsforschung ist die teilnehmende Selbstbeobachtung. Diese wird in Form eines Forschungstagebuches festgehalten. Das geschieht in unterschiedlicher

---

16 Herbert Altrichter, Peter Posch, Lehrerinnen und Lehrer erforschen ihren Unterricht. Unterrichtsentwicklung und Unterrichtsevaluation durch Aktionsforschung, Bad Heilbrunn 2007.

17 Bernadette Settele, Umständliche Transformationen? Kunstvermittlung entwickeln durch teambasierte Aktionsforschung, in: Bernadette Settele, Carmen Mörsch (Hg.), Kunstvermittlung in Transformation. Perspektiven und Ergebnisse eines Forschungsprojektes, Zürich 2012, S. 150–170, hier S. 153.

18 Im Gegensatz zu quantitativen Methoden, die von einem vorher festgelegten Muster in Bezug auf den Forschungsgegenstand ausgehen und die gewonnenen Daten statistisch auswerten.

Form: sowohl schriftlich als auch zeichnerisch, fotografisch oder durch Collagen. Die Sammlung der Daten erfolgt dabei in zwei Phasen: In der ersten Phase wird das Projekt erzählerisch dargestellt, in der zweiten Phase wird die eigene Darstellung kritisch analysiert. Das Vorstrukturieren des Forschungstagebuches durch im Voraus definierte Fragen verbessert die Vergleichbarkeit der Daten. Dieses Forschungstagebuch dient als Quelle für den Forschungsprozess. Dazu können noch Befragungen der Teilnehmer_innen in Form von Gesprächen, Feedbackbögen mit möglichst offenen Fragen, vielleicht sogar eigene Projekttagebücher sowie Beobachter_innen zweiter Ordnung dienen, die die Vermittlungssituation von außen dokumentieren. Diese Quellen werden laufend im Team besprochen und diskutiert. Im Sinne eines qualitativen Zirkels fließen die Erkenntnisse aus diesem Diskussionsprozess wieder in die nächste praktische Vermittlungssituation ein, sodass das eigene Handeln ständig verändert und modifiziert wird. Bernadette Settele beschreibt den qualitativen Forschungsprozess als »zyklische Suchbewegung mit offenem Ausgang.« Am Ende stehen meist mehr unbeantwortete Fragen als zu Beginn. Das Selbstverständnis der Beteiligten wechselt von repräsentativer Selbstdefinition zu mehr Offenheit und Interesse gegenüber Prozessen.[19]

Die Retheoretisierung der eigenen Vermittlungsexperimente in Form von Texten oder Bildproduktion ist ein integraler Bestandteil dieser Forschungsarbeit. Wichtig sind dabei die Kontextualisierung und die Offenlegung der eigenen Sprechposition der Forscher_innen. Erkenntnisse ergeben sich durch eine möglichst dichte und qualitative Analyse der Daten vor dem Hintergrund der eigenen Forschungsfrage. Die Qualität der Forschung hängt laut Settele vom Grad der Reflexion im Zyklus von Aktion

19 Bernadette Settele, Umständliche Transformationen? Kunstvermittlung entwickeln durch teambasierte Aktionsforschung, in: Bernadette Settele, Carmen Mörsch (Hg.), Kunstvermittlung in Transformation. Perspektiven und Ergebnisse eines Forschungsprojektes, Zürich 2012, S. 150–170, hier S. 155–159.

und Reflexion, von der Relevanz der Forschungsfrage für andere Praktiker_innen sowie von der ästhetischen Qualität von Verfahren, Prozessen und Produkten ab. Die Arbeit im Team unterstützt die Auswertung der Daten.[20]

Werden die Teilnehmer_innen der Vermittlung in den Forschungsprozess einbezogen, ist dabei zu beachten, dass ihr Recht auf Information und Anonymität gewahrt bleibt. Außerdem muss es ihnen möglich sein, nicht mitzumachen. Im Sinne der kritischen Pädagogik plädiert Settele darüber hinaus für Empowerment, für einen Angriff auf die Hierarchien und das Vermeiden von Zuschreibungen.[21]

Partizipative Aktionsforschung und die Einbeziehung der Besucher_innen

Die spezielle Form der partizipativen Aktionsforschung geht noch einen Schritt weiter in der Einbeziehung der Teilnehmer_innen. Im englischsprachigen Raum finden sich schon seit Mitte der 2000er Jahre vergleichbare Modellprojekte wie »Learning in Galleries«, in denen Künstler_innen, Schüler_innen, Student_innen, Wissenschaftler_innen, Lehrer_innen und Vermittler_innen zusammenarbeiten.[22] In der partizipativen Aktionsforschung bezieht die forschende Haltung auch die Besucher_innen einer Vermittlungsaktion mit ein. Sie werden nicht als Objekte oder bloße Datenquellen angesehen, die durch Gespräche und Fragebögen aktiviert werden, was bereits im Bereich der Pädagogik

20 Ebenda, S. 161.

21 Ebenda.

22 Carmen Mörsch, In Verhältnissen über Verhältnisse forschen: Kunstvermittlung in Transformation als Gesamtprojekt, in: Bernadette Settele, Carmen Mörsch (Hg.), Kunstvermittlung in Transformation. Perspektiven und Ergebnisse eines Forschungsprojektes, Zürich 2012, S. 299–317, hier S. 305 bezieht sich auf www.en-quire.org.

an der Aktionsforschung kritisiert wurde.[23] Vielmehr werden die Besucher_innen aktiv in den Forschungsprozess integriert. Es soll durch eine Vermittlungsaktion nicht nur Wissen weitergegeben oder im Forschungsprozess Wissen über Vermittlung generiert werden, sondern gemeinsam mit den Besucher_innen neues Wissen produziert werden. Konsequent zu Ende gedacht, müssten die Teilnehmer_innen bereits von Anfang an in den Prozess einbezogen werden. Das Projekt müsste mit ihnen gemeinsam entworfen und durchgeführt werden. Das Formulieren einer Forschungsfrage ist jedoch ein zentraler Punkt im Forschungsprozess, der sehr direkt die Machtverhältnisse spiegelt und dessen demokratische Aushandlung eine Herausforderung darstellt. Es ist davon auszugehen, dass Teilnehmer_innen nicht die gleichen Interessen an einem Forschungsprojekt haben wie die Vermittler_innen oder dass möglicherweise gar kein Interesse besteht, sich an dem Prozess zu beteiligen.[24]

Über die Effekte der Praxisforschung

Die eigene Praxis kritisch zu befragen und zu beforschen, bringt Vor- und Nachteile mit sich.[25] Jeder Mensch, der längere Zeit eine bestimmte Tätigkeit ausübt, erwirbt darin eine gewisse Erfahrung, die oft als Praxis bezeichnet wird. Dieses Praxiswissen entsteht quasi nebenbei und zufällig. Praxisforschung versucht nun, systematisch nach neuen Erkenntnissen zu suchen und diese in Form von Publikationen auch weiter zu kommunizieren.

23 Nora Landkammer, Vermittlung als kollaborative Wissensproduktion und Modelle der Aktionsforschung, in: ebenda, S. 199–211, hier S. 201.

24 Vgl. ebenda, S. 202. Landkammer nimmt Bezug auf Modelle aus dem globalen Süden mit dem Ziel des Kampfes gegen Unterdrückung.

25 Dieses Kapitel folgt in seiner Struktur einem Vortrag von Maria Peters, »Der professionalisierte Blick – Forschen im Lehramtsstudium der Kunstpädagogik«, auf dem Symposion »Causa didactica – Professionalisierung in der Kunst/Pädagogik als Streitfall« an der Kunstuniversität Linz am 23.11.2017.

Die wissenschaftlich forschende Herangehensweise an die Praxis führt zu einer Professionalisierung des eigenen Tuns. Aus der Distanz des analysierenden Blickes kann das eigene Handeln hinterfragt werden. Wie habe ich in einer bestimmten Situation gehandelt, warum habe ich so gehandelt, welche Wirkung hatte meine Handlung auf die anderen? Diese Überlegungen führen zu einem viel bewussteren Umgang mit der jeweils gegebenen Situation. Die Vermittler_innen müssen sich selbst, ihren Standpunkt, ihre Positioniertheit in Frage stellen. Verfolgt man diese Gedanken, stellen sich weitere Fragen: Was weiß ich? Woher weiß ich, was ich weiß? Wie bin ich zu diesem Wissen gekommen? Diese und ähnliche Fragen bewirken ein Heraustreten aus der Situation und ermöglichen einen weniger involvierten Blick auf das eigene Tun.

Durch die forschende Haltung wird Scheitern fruchtbar gemacht. Warum ist eine Situation nicht so gelaufen wie gewollt, warum ist etwas schiefgegangen, was ist passiert, was hätte man anders machen können? Es wird möglich, über den eigenen Misserfolg nachzudenken, ohne sich selber als Versager_in zu fühlen oder zu versuchen, die Sache zu vertuschen. Durch eine möglichst wertfreie Analyse können neue Ansätze und Möglichkeiten entwickelt werden. Dadurch lässt sich das eigene Repertoire erweitern. Folgen dieser Haltung sind ein spielerischer Umgang mit der eigenen Tätigkeit sowie mehr Mut zum Risiko, wenn es darum geht, neue Methoden oder Herangehensweisen auszuprobieren. Geht etwas schief oder entwickelt es sich nicht so wie erhofft, kann die Analyse dieser Erfahrungen wichtiges Material für weitere Forschungen zutage fördern, statt eine Krise herbeizuführen. Das Publizieren der eigenen Erfahrungen dient dann dazu, die Ergebnisse anderen Praktiker_innen zugänglich zu machen, sodass diese darauf aufbauen können. Ein weiterer Vorteil, den eine forschende Haltung in der eigenen Praxis mit sich bringt, ist aber auch die Neugierde und die Offenheit gegenüber neuen Ergebnissen. Diese Eigenschaften tun jeder Praxis gut und erhalten die Interaktion mit den Besucher_innen lebendig.

Allerdings gibt es auch Nachteile. Beispielsweise könnte die Erforschung der eigenen Praxis die Beteiligten verunsichern. Die Vermittler_innen sind nicht mehr in der Rolle der Expert_innen, sondern der Lernenden. Dabei spielt auch die Gruppendynamik im Forschungsteam eine große Rolle. Settele weist darauf hin, dass das Ziel des Forschungsprozesses nicht ausschließlich die Verbesserung persönlicher und professioneller Kompetenzen sein darf, da dies als Infragestellung oder sogar Abwertung der Expertise der Praktiker_innen wahrgenommen werden könnte. Vielmehr sollte für jeden Forschungsprozess auch ein »politisches Ziel« formuliert werden, das institutionelle Veränderungen, die sich aus der Forschung ergeben, möglich macht. Sie nennt als Beispiele die Verbesserung der Arbeitsbedingungen oder die Forderung nach Zeit für Experiment und Weiterbildung, die Ergebnisse von Diskussionen im Team sein können.[26]

Der prozesshafte Charakter, der für die Forschung notwendig ist, steht oft in Widerspruch zu den institutionellen Anforderungen. Diese verlangen konkrete Angaben über Ziele und den Stand der Forschungsarbeiten, bevor Mittel und Ressourcen bereitgestellt werden. So muss im Vorfeld oft schon mit der Vorwegnahme von Effekten argumentiert werden, was die Offenheit des Prozesses beeinträchtigen kann.[27]

Die Ausstellung erforschen

Vermittlung findet nicht an einem neutralen Ort, sondern in einer Ausstellung statt, die Grundlage der Vermittlungsaktion

26 Bernadette Settele, Umständliche Transformationen? Kunstvermittlung entwickeln durch teambasierte Aktionsforschung, in: Bernadette Settele, Carmen Mörsch (Hg.), Kunstvermittlung in Transformation. Perspektiven und Ergebnisse eines Forschungsprojektes, Zürich 2012, S. 150–170, hier S. 160.

27 Carmen Mörsch, Zeit für Vermittlung, http://www.kultur-vermittlung.ch/zeit-fuer-vermittlung/v1/?m=0&m2=1&lang=d, abgerufen am 12.2.2018.

ist. Durch ihre Arbeit in der Ausstellung gewinnen die Vermittler_innen Erkenntnisse über diese quasi von selbst. Dabei geht es zuallererst um praktische Faktoren: Sind die Objekte gut sichtbar? Gibt es genug Platz, um mit einer Gruppe davor zu stehen? Wie ist die Akustik des Raumes, ist die Raumtemperatur angenehm und lädt zum Verweilen ein, beeinträchtigen Geräusche, Lärm oder Hörstationen sich gegenseitig? Sind die Objekttexte gut lesbar, finden sich die Besucher_innen in der Ausstellung zurecht? Welche inhaltlichen Diskussionen ergeben sich durch die Ausstellung? Zieht sie viele Besucher_innen an? Welche Besucher_innen interessieren sich für das Gezeigte, welche nicht?

Karin Schneider sieht in diesem Wissen der Vermittler_innen an der Schnittstelle zu den Besucher_innen eine äußerst wertvolle, aber meist ungenützte Ressource, Erkenntnisse zu generieren. Vermittlung beruht oft darauf, Ideen, Interpretationen und Assoziationen von Besucher_innen anzuregen und anzuhören. Diese Praxis müsste systematisch dokumentiert, ausgewertet und berücksichtigt werden. Meist fehlen dazu jedoch nicht nur die Ressourcen, sondern auch das Bewusstsein über den Wert dieser Erkenntnisse.[28]

Zusätzlich können durch eine forschende Vermittlung die bewussten, vor allem aber auch die unterschwellig durch die Ausstellung produzierten Aussagen und deren Einfluss auf die Besucher_innen analysiert werden. Bewusste Aussagen sind die durch die Kurator_innen intendierten Erzählungen der Ausstellung, die sich durch die Objekte, ihre Positionierung im Raum, die Beleuchtung, das Lenken des Blickes, Texte und das Display ergeben. Mit diesen bewussten Setzungen wird aber immer auch ein Subtext miterzählt, der andere Aussagen als den bewussten Inhalt

28 Karin Schneider, Das Display aktivieren, in: Art Education Research No. 1/2010, https://blog.zhdk.ch/iaejournal/2010/06/17/n1_praxis-in-der-kulturellen-bildung/, abgerufen am 6.12.2017.

haben kann und möglicherweise unbewusst Kategorien wie Race oder Gender fortschreibt, Ein- und Ausschlüsse produziert.[29]

Von 2007 bis 2010 gibt es ein Forschungsprojekt mit dieser Zielsetzung unter dem Titel »Tate Encounters: Britishness and Visual Culture« an der Tate Britain. Es untersucht die Kategorie des typisch Britischen, das über das Display des Museums transportiert wird. Die Forschungsgruppe besteht aus Wissenschaftler_innen, Museumspersonal und Studierenden mit Migrationshintergrund. Wichtig ist auch hierbei die Zusammenarbeit zwischen Forschenden und Beforschten, sodass statt Hierarchien Bündnisse entstehen mit dem Ziel, den Blick der Institution zu verändern. Dieses kollaborative Projekt versteht Besucher_innenforschung als Forschung in Zusammenarbeit mit Besucher_innen, bewirkt eine Änderung in der Cultural Diversity Policy des Museums und sucht selbstreflexive Veränderungen der kuratorischen und vermittlerischen Arbeit der Tate Britain im Sinne einer kritischen Museologie anzustoßen.[30]

Ein vergleichbares Projekt ist »science with all senses – science and gender in the making«, das von 2007 bis 2009 in Kooperation mit dem Kindermuseum ZOOM in Wien durchgeführt wird. Hierbei geht es um die Wissensaneignung von Kindern im Museum unter besonderer Berücksichtigung sozialer Geschlechterrollen und der Ethnizität.[31] Als Methode dienen die

---

29 Vgl. ebenda. Schneider bezieht sich auf Mieke Bal, Sagen, Zeigen, Prahlen, in: Thomas Fechner-Smarsly, Sonja Neef (Hg.), Kulturanalyse, Frankfurt am Main, 2002, S. 72–116, Eva Sturm, Im Engpass der Worte. Sprechen über moderne und zeitgenössische Kunst, Berlin 1996 und Roswitha Muttenthaler, Regina Wonisch, Gesten des Zeigens. Zur Repräsentation von Gender und Race in Ausstellungen, Bielefeld 2007. Siehe dazu auch Mary Anne Staniszewski, The Power of Display. A History of Exhibition Installations at the Museum of Modern Art, London 1998.

30 Carmen Mörsch, In Verhältnissen über Verhältnisse forschen: Kunstvermittlung in Transformation als Gesamtprojekt, in: Bernadette Settele, Carmen Mörsch (Hg.), Kunstvermittlung in Transformation. Perspektiven und Ergebnisse eines Forschungsprojektes, Zürich 2012, S. 299–317, hier S. 306.

31 Ebenda.

von Muttenthaler und Wonisch beschriebene Displayanalyse[32], teilnehmende Beobachtung, dichtes Beschreiben, freie sprachliche Assoziation, sprachanalytische Methoden und Interviews mit Besucher_innen. Es geht darum, auf der Basis von historischem Hintergrundwissen durch minutiöse Beobachtung unbewusst durch die Ausstellung transportierte Inhalte aufzuzeigen, die einem normalerweise verborgen bleiben, weil sie eben unbewusst wirken. Schneider beschreibt, dass das Display durch die Besucher_innen erst aktiviert wird, wenn sie in der Ausstellung agieren, sich diese erschließen, ihren Weg durch die Ausstellung finden und ihre inhaltlichen Schlüsse daraus ziehen. Dabei sei die eigene Geschichte der Besucher_innen immer Ausgangspunkt und Katalysator für deren Rezeption und beeinflusse die Deutung der Inhalte. Mit einer möglichst großen Offenheit analysieren die Vermittler_innen mithilfe der Grounded Theory, wie die Besucher_innen die Ausstellung interpretieren. Dieser sozialwissenschaftliche Ansatz generiert qualitative Daten aus Interviews und Beobachtungen und versucht anhand dieser Daten eine Theorie aufzustellen, während statistische Methoden vorher formulierte Thesen quantitativ überprüfen.

Schneider betont die Synergien zwischen Vermittlungspraxis und Museumsforschung, die hier methodisch analoge Strategien nutzen. Besucher_innenkommunikation und Besucher_innenforschung gehen Hand in Hand, und es sei nur eine Frage der Gewichtung, ob dieselbe Methode für die Vermittlung und/oder für die Forschung genutzt werde. Die für die Forschung nötige Analyse der Vermittlungssequenzen wird am besten durch Protokolle aus Sicht der durchführenden Vermittler_in und einer teilnehmenden Beobachter_in festgehalten. Die durch die Beobachtung resultierende Distanz zur eigenen Methode sieht Schneider als Chance, die eigene Praxis von innen weiterzuentwickeln statt durch Kritik von außen. Außerdem ist die Rückbindung an die

32 Roswitha Muttenthaler, Regina Wonisch, Gesten des Zeigens. Zur Repräsentation von Gender und Race in Ausstellungen, Bielefeld 2007.

Praxis auch immer eine Möglichkeit, die Theoriebildung zu überprüfen. Das Feedback der Besucher_innen ist dabei ein wesentlicher Faktor. Missverständnisse, Desinteresse, Verweigerung oder auch Umdeutungen können dafür in besonderer Weise fruchtbar gemacht werden. Besucher_innen sind nicht mehr passive Opfer von Ausschlüssen, sondern erhalten die Möglichkeit, sich aktiv zu beteiligen. Forschungsgegenstände sind dabei einerseits das Display der Ausstellungen, andererseits die vermittlerische Praxis, wobei beide in einem zirkulären Prozess weiterentwickelt werden können.[33]

33 Karin Schneider, Das Display aktivieren, in: Art Education Research No. 1/2010, https://blog.zhdk.ch/iaejournal/2010/06/17/n1_praxis-in-der-kulturellen-bildung/, abgerufen am 6.12.2017.

… the concern of the museologist is collecting, researching and conserving these objects, and assuring that their language is intelligible. To provide for understanding and communication in this 'language' on a broad basis, a further dimension 'education' is necessary, not minimising but enhancing the traditional museum-functions by putting them into social context.[1]

Hadwig Kräutler, 1984

1 Hadwig Kräutler, Museum education in Austria – The present state and a proposal for development, Dissertation, Leicester 1984, S. 18.

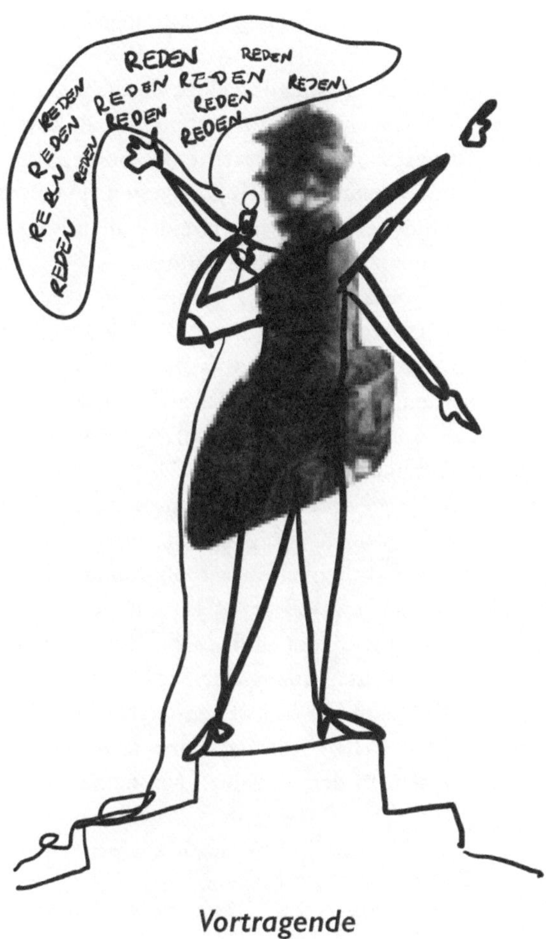

Vortragende

Illustration: Valerie Tiefenbacher

6. Berufsbild Kulturvermittlung – eine Berufsgruppe emanzipiert sich

Tätigkeitsbereiche und Bezugsfelder

Die Diskussion um die Festlegung eines Berufsbildes wird schon Jahrzehnte mit Engagement geführt. Es gibt Initiativen von verschiedenen Seiten. Einerseits besteht die Sorge, eine zu enge Definition könnte zukünftige Möglichkeiten ausschließen, andererseits fürchten Vermittler_innen, einer allzu breit gefassten Definition nicht gerecht werden zu können.

1971 wird bei dem UNESCO-Symposium »Praxis der Museumsdidaktik« angeregt, eine eigene Disziplin, ein eigenes Berufsprofil und eine eigene Grundlagenforschung zu schaffen. Angestrebt werden soll dabei fachliche Autonomie unter Beibehaltung des Prinzips der Interdisziplinarität.[1] Breithaupt schreibt 1979: »Berufsfeld und Ausbildung des Museumspädagogen sind noch weitgehend ungeklärt [...]. Derjenige, der in diesen Beruf eintritt, trifft auf ein noch wenig strukturiertes Feld praktischer Arbeit, das von Öffentlichkeitsarbeit bis hin zur Lehrtätigkeit reicht, dazu noch auf ein weites Spektrum von Adressat_innen bezogen ist.«[2] Weschenfelder und Zacharias schlagen 1981 vor, das Berufsbild einerseits entlang der Tätigkeitsbereiche und andererseits mit Blick auf die fachwissenschaftlichen Bezugsfelder zu entwickeln. Sie stellen fest, dass eine fachwissenschaftliche Ausbildung, die sich an den einzelnen Museumstypen orientiere,

1 Lisa Spanier, Kunst- und Kulturvermittlung im Museum. Historie – Bestandsaufnahme – Perspektiven, Düsseldorf 2014, S. 67.

2 J. Breithaupt, Museumspädagogik – Was macht der Museumspädagoge mit der Museumspädagogik?, in: Kunst und Unterricht 54/1979, S. 14, zitiert bei Klaus Weschenfelder, Wolfgang Zacharias, Handbuch Museumspädagogik. Orientierungen und Methoden für die Praxis, Düsseldorf 1981, 2. Auflage 1988, S. 365.

keine ausreichende Qualifikation darstelle, und plädieren für eine schuldidaktische Ausbildung. Dabei verweisen sie auf die in Amerika übliche Bezeichnung eines »museum-teacher« in Analogie zum »school-teacher«, lehnen aber eine enge Anbindung an die Lehrerausbildung ab. Der Lernort Museum benötige eine eigene Ausbildung, da sich die institutionelle Einbindung der Vermittler_innen von der Position von Lehrer_innen in Schulen stark unterscheide, das Tätigkeitsfeld breiter sei als bei Lehrer_innen und die Aufgabenfelder insgesamt stark abwichen. Die rein vermittelnde Tätigkeit würde durch eine Koppelung mit der Lehrer_innen-Ausbildung zu sehr in den Vordergrund gehoben, andere Aspekte wie etwa die Nähe zur Freizeitpädagogik würden dadurch außer Acht gelassen. Hier führen sie die französische Bezeichnung des »animateur culturel« an, die an der Schnittstelle von Kulturvermittlung und Freizeitpädagogik angesiedelt ist.[3]

Anforderungen und strukturelle Voraussetzungen

1997 stellt Arnold Vogt in der Zeitschrift »Standbein Spielbein« des Bundesverbandes Museumspädagogik e. V. sechs Forderungen auf, was seiner Ansicht nach Voraussetzung für ein Berufsbild Museumspädagogik und eine aus seiner Sicht professionelle Museumsarbeit sei:

- Die Begründung der museumsberuflichen Arbeit aus einer museumsspezifischen, wissenschaftlichen Fachdisziplin,
- die wissenschaftlich gesicherte Anleitung in die Berufspraxis durch spezifische Ausbildungs- und Qualifikationsregeln,
- spezifische berufsethische Regeln und einen unumstrittenen Aufgabenkatalog der Museumspädagogik im Kollegenkreis,

3 Klaus Weschenfelder, Wolfgang Zacharias, Handbuch Museumspädagogik. Orientierungen und Methoden für die Praxis, Düsseldorf 1981, 2. Auflage 1988, S. 365–366.

- das beim Gesetzgeber und in der Öffentlichkeit unumstrittene Bewußtsein öffentlicher, gesellschaftlicher Aufgaben und Verantwortung, die eine gewisse Eigenständigkeit oder Autonomie für den Beruf(sstand) sichern,
- eine effektive Präsenz durch eigene Fach- und Berufsverbände und
- die öffentliche Wertschätzung und Anerkennung durch angemessene finanzielle und arbeitsrechtliche Bedingungen[4]

Anlass für seine Überlegungen sind die unterschiedlichen Arbeitsbedingungen von Vermittler_innen der ehemaligen DDR und der BRD. Während im Osten Museumspädagog_innen dem wissenschaftlichen Personal gleichgestellt waren und hauptsächlich Führungen abhielten, ist die Situation in der BRD anders. Hier liegt ihre Aufgabe eher in konzeptueller Arbeit, dem Organisieren von Veranstaltungen, Publikationen, Kinder- und Schüleraktionen und manchmal auch in der Mitarbeit bei Ausstellungen. Führungen werden von ehrenamtlichen Mitarbeiter_innen oder Teilzeitkräften abgehalten, die dazu von den festen Mitarbeiter_innen »angeleitet« werden.[5]

Im Namen des österreichischen Verbandes der Kulturvermittler_innen im Museums- und Ausstellungswesen schreibt Gabriele Stöger 1999 in der Verbandszeitung »faxen«: »Kunstvermittlung […] meint: ein Herstellen von Beziehungen und damit von Möglichkeiten (Räumen) für Kommunikation und Partizipation zwischen Kunst- und Kulturschaffenden (ProduzentInnen), Ergebnissen künstlerischer (kultureller) Prozesse und dem Publikum. Das Publikum sollte eine zunehmend aktive Rolle spielen, damit im Idealfall eine Wechselwirkung und ein Verschwimmen der Grenzen zwischen ProduzentInnen und RezipientInnen in den kulturellen Kommunikationssystemen

4 Arnold Vogt, Identität und Musealisierung. Der Arbeitskreis Museumspädagogik Ostdeutschland e. V. (AKMPO), in: Standbein Spielbein, 49, 1997, S. 9–11.

5 Vgl. ebenda.

erfolgen kann.« Weiter heißt es, die Professionalisierung des Berufsfeldes brauche »Unterstützung, und zwar nicht nur durch Schaffung von Abteilungen in den Institutionen, sondern auch durch die Beschäftigung bzw. Beauftragung von Personen, die für diese Arbeit auch ausgebildet sind. Der Wert, der einer professionellen Vermittlungsarbeit zugeschrieben wird, ist letztlich ein Signal dafür, mit wieviel Respekt dem Publikum begegnet wird. Vermittlungsarbeit ist keineswegs eine marginale Funktion von Kultureinrichtungen, die durch unausgebildete Kräfte getragen werden kann. Wenn Vermittlung keine Nebensache bleiben soll, muss es aber Personen geben, die hauptberuflich dafür arbeiten.«[6]

Ebenfalls 1999 erscheint der Folder »Kommunikation, Museumspädagogik, Bildungsarbeit, Kulturvermittlung in Museen und Ausstellungen«, herausgegeben vom Österreichischen Verband der KulturvermittlerInnen im Museums- und Ausstellungswesen, dem Bundesverband Museumspädagogik e. V. Deutschland, der Museumspädagogik Schweiz und dem CECA Committee of Education & Cultural Action des Internationalen Museumrates ICOM. Er soll einen Überblick über das Berufsfeld geben. In ihm heißt es, Vermittlung solle »komplexe inhaltliche Zusammenhänge anschaulich« darstellen sowie eine informative und unterhaltsame Auseinandersetzung für verschiedene Zielgruppen anbieten. Die Broschüre scheint sich in erster Linie an Leiter_innen von Institutionen zu wenden und zählt die positiven Wirkungen von Vermittlungsaktivitäten auf. Aufgabe der Vermittlung sei es dabei, Kontakte zu knüpfen, Projekte zu betreuen und Projektmanagement zu betreiben; außerdem werden die didaktische Beratung von Ausstellungen, das Einrichten von Leitsystemen, die Durchführung von Besucher_innenbefragungen und von Evaluation, die Betriebsberatung im Kommunikationsbereich sowie die Methodenreflexion und Fachdiskussionen

6 Gabriele Stöger, Gekürzte Stellungnahme des österreichischen Verbandes der KulturvermittlerInnen an das Weiszbuch-Büro, 23.12.1998, in: faxen, 32, 1999, S. 2–3.

genannt. Es wird der Anspruch erhoben, Vermittler_innen müssten über die neuesten Entwicklungen informiert und in ein »kooperationsbereites« Umfeld eingebunden sein.[7]

2006 verfasst der Bundesverband Museumspädagogik e. V. in Deutschland ein »Positionspapier Museumspädagogik«. Darin wird die Vermittlung als »Gebrauchsanweisung« für den »Wissensspeicher« Museum angesehen. So heißt es: »Museumspädagogik verfolgt die Darstellung, die Interpretation und die Vermittlung historischer, kulturhistorischer, künstlerischer, technischer und naturwissenschaftlicher Inhalte und Zusammenhänge in Museen und Ausstellungen. [...] Sie fördert die Identifikation der Besucherinnen und Besucher mit unserem kulturellen Erbe sowie ihre Teilhabe am gesellschaftlichen Diskurs über Fragen der Vergangenheit, Gegenwart und Zukunft.« Als wesentliches Leitmotiv wird auf die Besucher_innenorientierung verwiesen, die die Bedürfnisse, Erfahrungen und Interessen eines heterogenen Publikums in den Mittelpunkt zu rücken habe. Aufgabe von Vermittler_innen sei es, abwechslungsreiche Programme auf der Grundlage von Zielgruppen- und Besucher_innenanalysen zu erarbeiten. Dies erfolge mit medialen, personalen oder handlungsorientierten Vermittlungsmethoden. Neben der direkten Vermittlungsarbeit werden weitere Aufgaben genannt: das Konzipieren von eigenen Ausstellungen, das Erstellen von Dokumentationen und Publikationen sowie die Organisation und Durchführung von Begleitprogrammen und Netzwerkarbeit mit unterschiedlichen Kooperationspartner_innen wie zum Beispiel Schulen. Außerdem wird der Anspruch erhoben, dass die Vermittlung von Anfang an in die Konzeption von Ausstellungen einbezogen werden solle. »Idealerweise besteht die Ausbildung zum/zur Museumspädagogen/in in einem museumsrelevanten abgeschlossenen Fachstudium und einer museumspädagogischen

7 Hannelore Kunz-Ott, Sibylle Maurer, Sara Smidt (Hg.), Kommunikation. Museumspädagogik. Bildungsarbeit. Kulturvermittlung in Museen und Ausstellungen, Wien 1999.

Zusatzqualifikation«; empfohlen wird auch, berufsbezogene Praktika zu absolvieren. Allerdings wird hier noch die Meinung vertreten, dass lediglich die Leitung der Vermittlungsabteilung hauptberuflich angestellt sein müsse, während das Team aus freien Mitarbeiter_innen bestehen könne. Dessen ungeachtet sollten Vermittler_innen kreativ, kommunikativ und teamfähig sein sowie die Bereitschaft mitbringen, sich ständig in neue Themen und den aktuellen Forschungsstand einzuarbeiten.[8]

Qualitätssicherung und Standards der Kulturvermittlung

Lisa Spanier erkennt in den 1990er Jahren Bemühungen, die Kulturvermittlung generell zu positionieren, wissenschaftliche Anerkennung zu erlangen und den Stellenwert innerhalb der Institutionen zu verbessern. Seit den 2000er Jahren gehe es mehr um Qualitätssicherung, die Etablierung von Standards und deren Umsetzung im Museumsalltag. Damit eng verbunden sei die Frage nach Aus- und Weiterbildungsmöglichkeiten.[9]

2008 geben die Fachverbände aus Deutschland, Österreich und der Schweiz in Kooperation mit dem Deutschen Museumsbund eine Publikation mit dem Titel »Qualitätskriterien für Museen: Bildungs- und Vermittlungsarbeit« heraus. Als Leitgedanke wird folgende Definition formuliert:

> Vermittlungsarbeit im Museum gestaltet den Dialog zwischen den Besuchern und den Objekten und Inhalten in Museen und Ausstellungen. Sie veranschaulicht Inhalte, wirft Fragen auf, provoziert,

8 Karin Maaß, Positionspapier Museumspädagogik. Stellungnahme des Bundesverbandes Museumspädagogik e. V., https://www.museumspaedagogik.org/fileadmin/user_upload/bund/PDF/2_9_2PositionspapierMuseumspaedo6.pdf, abgerufen am 20.3.2018.

9 Lisa Spanier, Kunst- und Kulturvermittlung im Museum. Historie – Bestandsaufnahme – Perspektiven, Düsseldorf 2014, 299.

> stimuliert und eröffnet neue Horizonte. Sie richtet sich an alle Besucher/innen und versetzt sie in die Lage, in vielfältiger Weise vom Museum und seinen Inhalten zu profitieren, das Museum als Wissensspeicher und Erlebnisort selbständig zu nutzen und zu reflektieren. Vermittlungsarbeit ist integraler Bestandteil der Institution Museum und realisiert maßgeblich und nachhaltig ihren Bildungsauftrag.[10]

Die Forderung, die sich daraus ergibt, lautet, dass die Vermittlung bei der Konzeption und Realisierung aller Ausstellungsprojekte von Beginn an einbezogen werden solle. Und mit Blick auf den Inhalt der Vermittlung heißt es: »Ausgehend von der jeweiligen Sammlung und den Ausstellungen vermittelt Museumspädagogik Informationen und Erlebnisse. Sie stellt Zusammenhänge dar, arbeitet objektangemessen, ganzheitlich und fächerübergreifend mit Gegenwartsbezug und Handlungsorientierung. Vermittlungsarbeit macht die Institution Museum transparent und fördert eigene Zugänge der Besucher zu den Präsentationen.«[11] Die Zielgruppen werden breit gefasst: »Vermittler/innen arbeiten für alle und mit allen Besuchern/innen eines Museums. Diese haben jeweils unterschiedliche Bedürfnisse. Die Mitarbeiter/innen für Museumspädagogik entwickeln Angebote für alle Gruppen des Museumspublikums und für potentiell neue Besucher/innen, um möglichst vielen die Teilhabe an kultureller Bildung im Museum zu ermöglichen.«[12]

Auch auf die Methoden der Vermittlung wird eingegangen: »Qualitätvolle Bildungs- und Vermittlungsarbeit bedient sich einer Vielfalt von Methoden, um die Begegnung mit den Originalen

10 Deutscher Museumsbund e. V. und Bundesverband Museumspädagogik e. V. in Zusammenarbeit mit dem Österreichischen Verband der KulturvermittlerInnen im Museums- und Ausstellungswesen und Mediamus – Schweizerischer Verband der Fachleute für Bildung und Vermittlung im Museum (Hg.), Qualitätskriterien für Museen: Bildungs- und Vermittlungsarbeit, Berlin 2008, S. 8.

11 Vgl. ebenda, S. 10.

12 Vgl. ebenda, S. 12.

und Ausstellungsinhalten und mit der Institution Museum generell zu erleichtern. Sie aktiviert und fördert damit die Erkenntnis- und Wahrnehmungsmöglichkeiten der Besucher/innen und leitet sie auf vielfältige Art und Weise zum selbständigen Lernen mit allen Sinnen an.«[13] Daraus ergeben sich Konsequenzen für die erforderliche Qualifizierung: »Die vielfältigen Aufgaben in der musealen Bildungs- und Vermittlungsarbeit stellen hohe Anforderungen an die Mitarbeiter/innen: Sie erfordern Fachwissen sowohl zum jeweiligen Sammlungsbestand als auch zu pädagogischen Fragestellungen. Unerlässlich sind zudem Grundlagenwissen der Museologie, Kompetenzen im kommunikativen Bereich, Freude am Umgang mit Menschen sowie persönliches Engagement.«[14] Abschließend wird der Blick über den engeren institutionellen Rahmen hinaus geweitet: »Vermittler/innen in Museen kooperieren mit vielen Partnern/innen. Die Zusammenarbeit mit anderen Bildungs- und Kultureinrichtungen, Vereinen und Verbänden ist für ihre Tätigkeit genauso wichtig wie der wechselseitige Informationsaustausch und die Unterstützung innerhalb des gesamten Museums.«[15] Für diese Arbeit brauchen sie, so die Fachverbände, folgende Rahmenbedingungen: »Die Mitarbeiter/innen für Bildung und Vermittlung im Museum benötigen zur qualitätvollen und professionellen Erfüllung ihrer Aufgaben eine entsprechende Infrastruktur, materielle, personelle und finanzielle Ressourcen sowie ideelle Unterstützung.«[16]

In mehreren Punkten kritisiert Carmen Mörsch die Festlegungen und Definitionen dieser Broschüre. So vermisst sie eine transparente Positionierung der Argumentation und die Begründung, warum zum Beispiel ausschließlich affirmative und reproduktive Diskurse für die Vermittlung empfohlen werden. Sie fordert eine grundsätzlich reflexive Haltung gegenüber der Nor-

---

13 Vgl. ebenda, S. 15.
14 Vgl. ebenda, S. 19.
15 Vgl. ebenda, S. 21.
16 Vgl. ebenda, S. 23.

mativität von Zielen und Kriterien, um diese auf die ihnen innewohnenden Machtverhältnisse hin zu befragen. Die von außen gesetzten Ansprüche von Qualität könnten ein ergebnisoffenes Arbeiten verhindern oder erschweren. Zudem würden damit die sozialen Beziehungen auf der Grundlage von Überprüfung, Beurteilung und dem Liefern von Ergebnissen errichtet.[17]

Die Frage nach fairen Arbeitsverhältnissen

Trotz vieler Verbesserungen sind die strukturellen Probleme in den 2000er Jahren in manchen Bereichen noch vorhanden. So wird weiterhin kritisiert, dass Vermittler_innen in den Museen dem wissenschaftlichen Personal nicht gleichgestellt und oft in die internen Arbeitsabläufe nicht eingebunden sind. Als Gründe werden das Fehlen eines klaren und geschützten Berufsbildes, mangelnde wissenschaftlich-theoretische Fundierung des Faches, fehlende Ausbildungsmöglichkeiten und daraus resultierende uneinheitliche Qualifikationen der Vermittler_innen gesehen. Viele Vermittler_innen arbeiten in prekären Verhältnissen, sie werden schlecht bezahlt und leiden unter sozialversicherungs- und arbeitsrechtlichen Unsicherheiten trotz hoher, in der Regel akademischer Qualifikation.

In den 2010er Jahren gehen viele öffentliche Museen dazu über, ihre Vermittler_innen anzustellen. Dies löst unter anderem einige Probleme, was die Sozialversicherungen und das Arbeitsrecht betrifft, und folgt aus dem Umstand, dass die Vermittlungsarbeit in vielen Fällen de facto eine Anstellung erfordert: Sind Vermittler_innen weisungsgebunden oder werden Arbeitsabläufe vom Dienstgeber vorgegeben, so sind Werkverträge und freie

17 Carmen Mörsch, Zeit für Vermittlung, Vorwort, http://www.kultur-vermittlung.ch/zeit-fuer-vermittlung/v1/?m=0&m2=1&lang=d, abgerufen am 12.2.2018.

Dienstverträge in der Regel nicht zulässig.[18] Die geänderten Bedingungen führen zu großen Veränderungen in der Organisation. Mitarbeiter_innen, die vorher punktuell zur Abhaltung von Führungen und Workshops ins Museum gekommen sind, stehen nun regelmäßig zur Verfügung. Dies ermöglicht viel mehr Projektarbeit im Vermittlungsteam und erlaubt langfristige Planungen. Die bessere Einbindung der Vermittler_innen in die Konzeption der Vermittlungsformate erhöht deren Qualität und bringt mehr Abwechslung in den Arbeitsalltag der Betroffenen, die nun teilweise auch in administrative Aufgaben eingebunden werden. Auch der arbeitsrechtliche Schutz greift stärker; so müssen jetzt die Arbeitszeitgesetze eingehalten werden, die für freie Dienstnehmer_innen nicht gelten.[19]

Das Technische Museum Wien geht 2010 dazu über, alle bisher mit freien Dienstverträgen arbeitenden Vermittler_innen fest anzustellen. Wencke Maderbacher beschreibt den Prozess der Umstellung und Neustrukturierung in ihrem Buch »Kulturfairmitteln«. Sie berichtet von einer Verbesserung der Zusammenarbeit im Team, da sich die Vermittler_innen nicht mehr wie vorher, als sie freie Dienstnehmer_innen waren, als Konkurrent_innen, sondern als Kolleg_innen sehen und die Möglichkeit haben, sich besser kennenzulernen und voneinander zu lernen. Soziale Absicherung durch gleichbleibendes Gehalt, durchgehende Versicherung, die Möglichkeit von Krankenstand und Mutterschutz sind wichtige Faktoren. Lern- und Vorbereitungszeiten sowie Besprechungen finden nun in der Arbeitszeit und nicht wie vorher in der Freizeit statt.[20]

---

18 Wencke Maderbacher, Kulturfairmitteln. Praxishandbuch Anstellung eines Kulturvermittlungs-Teams, Wien 2015, S. 12.

19 Ebenda, S. 12–13.

20 Vgl. ebenda, S. 14–15.

Die Formulierung eines Berufsbildes für Österreich

Im Jahr 2015 formiert sich in Österreich eine Arbeitsgruppe von ICOM CECA Österreich, die etwas später eine Kooperation mit dem Österreichischen Verband der KulturvermittlerInnen eingeht mit dem Ziel, ein verbindliches Berufsbild zu formulieren. Der Entwurf, der in einer kurzen und einer ausführlicheren Version vorliegt, wird bei der ICOM CECA Pre-Conference zum Österreichischen Museumstag im Oktober 2017 in Steyr vorgestellt und mit allen Anwesenden diskutiert. Einige Punkte werden daraufhin verändert und ergänzt.[21] Die endgültige Version lautet folgendermaßen:

Berufsbild Kulturvermittlung Kurzversion:

KulturvermittlerInnen initiieren inklusive Bildungs- und Kommunikationsprozesse. Sie machen Programm für ein heterogenes Publikum auf Basis aktueller gesellschaftlicher Entwicklungen und Fragestellungen.

Berufsbild Kulturvermittlung Langversion:

KulturvermittlerInnen initiieren inklusive Bildungs- und Kommunikationsprozesse und schaffen Erfahrungsräume. Sie informieren, moderieren und sie fördern die kritische Auseinandersetzung mit musealen und gesellschaftspolitischen Fragestellungen. Hierfür recherchieren, selektieren und interpretieren sie auf Basis aktueller Forschungserkenntnisse Inhalte für ein heterogenes Publikum. Sie betreiben interdisziplinäre Netzwerkarbeit.

KulturvermittlerInnen arbeiten an der Programmierung und inhaltlichen Ausrichtung der Institution mit. Sie wählen und entwickeln adäquate Formate und Methoden, mit denen die Inhalte auf personale und mediale Weise vermittelt werden (Apps, Audioguides,

21 Wencke Maderbacher, Sandra Malez, Kulturvermitteln – Vom Prekariat zum Beruf, in: neues museum 1, 2018, S. 62–64.

Ausstellungs- und KünstlerInnengespräche, Begleithefte, BesucherInnenkataloge, Diskussionen, Führungen, Raumtexte, Workshops etc.). Sie kuratieren partizipatorische Aktionen sowie Interventionen und setzen Programmschwerpunkte. Dies bedingt eine ständige Reflexion von Theorie und Praxis.

KulturvermittlerInnen gehen bei ihrer Tätigkeit von der Gegenwart aus. Sie diskutieren die gesellschaftliche Relevanz der institutionellen Fragestellungen und der musealen Objekte und setzen sie in aktuelle Kontexte.

Wichtige Punkte, die im allgemeinen Diskussionsprozess nach der Verlesung des Entwurfes des Berufsbildes bei der Pre-Conference angesprochen werden, sind die breite Fassung des Berufsbildes sowohl für Vermittler_innen, die in Institutionen angestellt sind, als auch für selbständige Vermittler_innen. In den Jahren davor war der Verband oft als Interessenvertretung der freien Vermittler_innen gesehen worden, wohingegen CECA die in Institutionen angestellten Vermittler_innen vertrat. Mit der deklarierten Kooperation beider Organisationen ist es erstmals möglich, alle in dem Feld Tätigen anzusprechen und eine gemeinsame Formulierung zu finden. Viele Standpunkte und Interessen müssen dabei berücksichtigt werden. Der Anspruch auf die wissenschaftliche Fundierung der Vermittlung und die Einbeziehung der aktuellen Forschungsergebnisse in die Praxis der Vermittlungstätigkeit geben durchaus Anlass für Kontroversen. Manche bei der Pre-Conference anwesenden Vermittler_innen sehen sich einem wissenschaftlichen Anspruch nicht gewachsen. Dabei scheinen sie zu vergessen, dass ihr umfangreiches Praxiswissen einen großen Reichtum darstellt, der, mit der richtigen Methode, sehr wohl die Grundlage einer wissenschaftlichen Fundierung darstellen kann. Die Kombination muss auch nicht in einer Person geschehen, sondern kann in Form von Kooperationen zwischen Praktiker_innen und Theoretiker_innen stattfinden.

Aufgabe der Kunstvermittlung ist nicht BesucherInnenzahlen zu steigern, sondern dass Menschen, die durch kreatives Marketing zu Zielgruppen gemacht wurden, wieder zu BetrachterInnen werden können.[1]

Nora Sternfeld, 2001

1 Nora Sternfeld, Erwartungen an Vermittlung, in: faxen, 41, 2001, S. 4–7.

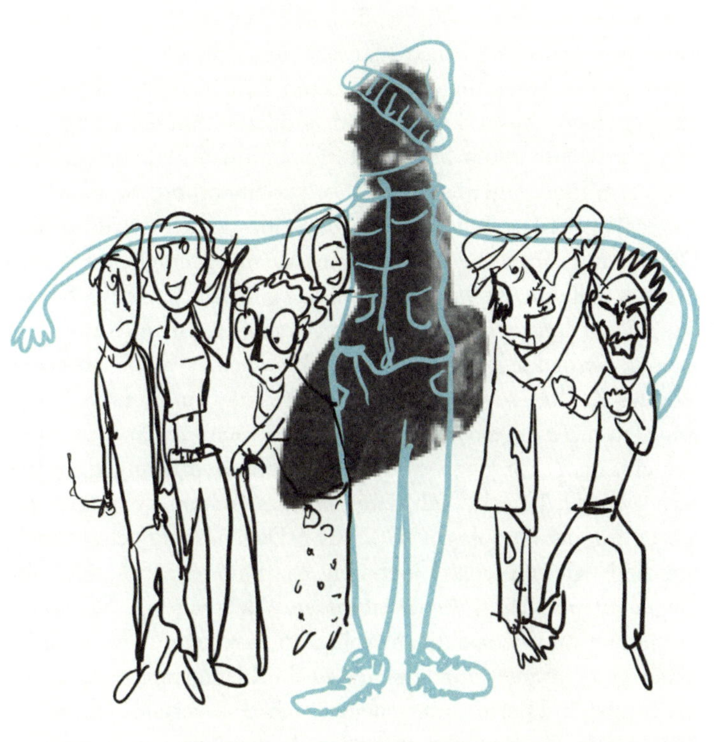

SozialarbeiterInnen

Illustration Valerie: Tiefenbacher

7. Ausblick

Sich gegenseitig stärken für eine erfolgreiche Zukunft

Wie wird es weitergehen in der Kulturvermittlung? Welche Ziele gilt es zu erreichen? Wie wollen sich Vermittler_innen in Zukunft positionieren? Blickt man auf die gegenwärtige Situation, scheinen die Forderungen nach fairen Arbeitsbedingungen, frei zugänglichen Ausbildungen und größerer Anerkennung und Mitsprache innerhalb der Institutionen am dringlichsten.[1] Um der Vermittlung mehr Gewicht zu verleihen und sie sichtbarer zu machen, bedarf es der Etablierung einer starken Berufsgruppe. Dies ist nur durch die Bildung von Allianzen möglich. Carmen Mörsch zufolge ist es gerade in marginalisierten Feldern wie der Vermittlung wichtig, dass die Akteur_innen im Kampf um kleiner werdende Budgets, Aufmerksamkeit, symbolisches und soziales Kapital, sowie Vormacht im Diskurs zusammenarbeiten und sich nicht gegenseitig behindern und schwächen. Nur durch gemeinsames Vorgehen können sie ihre Bedingungen verbessern. Mörsch bezieht sich dabei auf das System der transversalen Politik der Soziologin Nira Yuval-Davis. Dabei geht es nicht um die Negierung oder Einebnung von Differenzen, sondern im Gegenteil um deren Artikulation und Bearbeitung. Selbstpositionierung und Perspektivenwechsel in Anerkennung grundsätzlicher gemeinsamer Interessen sind die Herausforderungen dieser Strategie. Hierin unterscheidet sich transversale Politik von Diplomatie, die versucht unter der Vermeidung von Konflikten die eigene Position strategisch auszubauen. Dessen ungeachtet manifestieren sich Macht- und Herrschaftsverhältnisse auch in-

1 Vgl. dazu eine Diskussionsveranstaltung im Depot Wien am 3. Mai 2018 zum Thema »Museum wirkt. Kulturvermittlung gestaltet«, veranstaltet von ICOM CECA Austria in Kooperation mit dem Österreichischen Verband der KulturvermittlerInnen.

nerhalb transversaler Politik.[2] Kooperation und Solidarität sind jedoch innerhalb der gesamten Institution genauso gefragt wie innerhalb der Berufsgruppe der Vermittler_innen. Schon in den 1980er Jahren gibt es Stimmen, die die Zusammenarbeit der verschiedenen Museumsspezialist_innen in einem Team für die gemeinsame Sache als Basis für eine erfolgreiche Museumsarbeit ansehen.[3]

Im Jahr 2001 schreiben vier Ethnologinnen in der Zeitschrift des Verbandes der Kunst- und KulturvermittlerInnen im Museums- und Ausstellungswesen über die unterschiedlichen Voraussetzungen von Kunst- und Kulturvermittlung, aber auch über versäumte Vernetzungen in der Vermittlungsarbeit. Kunstvermittlung werde in der Gesellschaft eher akzeptiert und sei besser bezahlt als Kulturvermittlung. Beklagt wird ein Mangel an Mut zu innovativen und zeitgemäßen Vermittlungsmethoden seitens der Museen als Dienstgeber_innen im Bereich der Kulturvermittlung im Gegensatz zur Kunstvermittlung. Dabei sei die Vermittlung ethnologisch relevanter Themen viel komplexer als die Vermittlung von Kunstwerken, weil die Objekte fremder Kulturen schwieriger zu kontextualisieren seien. Die Autorinnen behaupten, Kunstvermittler_innen würden sich die Sache leichter machen und sich den Objekten oft kontextlos nähern. [4] Ob man dieser Wahrnehmung nun zustimmen mag oder nicht, die Äußerungen machen das Problem, das auf diesem Feld immer noch besteht, deutlich. Denn tatsächlich geht es nicht um Konkurrenz, sondern um Solidarisierung auf breiter Basis. Die ethnologische Methode

2 Carmen Mörsch, In Verhältnissen über Verhältnisse forschen: Kunstvermittlung in Transformation als Gesamtprojekt, in: Bernadette Settele, Carmen Mörsch (Hg.), Kunstvermittlung in Transformation. Perspektiven und Ergebnisse eines Forschungsprojektes, Zürich 2012, S. 299–317, hier S. 308.

3 Hadwig Kräutler, Museum education in Austria – The present state and a proposal for development, Dissertation, Leicester 1984, S. 39.

4 Aline Ehrenfried, Ute Moos, Petra Staudinger, Verena Traeger, Kulturvermittlung, die kleine Schwester der Kunstvermittlung? Über versäumte Vernetzungen in der Vermittlungsarbeit; in: faxen, 40, 2001, S. 6–10.

der Kontextualisierung ist eine Bereicherung für die Kunstvermittlung und findet im Ansatz der Dekolonialisierung ihren Ausdruck innerhalb der Vermittlung. Genauso können neue Zugänge aus der Kunstvermittlung für die Naturvermittlung brauchbar sein und so weiter. Es geht um einen Schulterschluss für eine gemeinsame Sache. Viele wollen der Vermittlung in den Institutionen mehr Gewicht geben, das aber wird nur gelingen, wenn alle zusammenarbeiten. Aus diesem Grund sollte nach außen das Gemeinsame der Vermittlung gestärkt werden unabhängig davon, wie sich der Diskurs innerhalb des Feldes ausdifferenziert.

In zahlreichen Publikationen beanspruchen die Vertreter_innen der Vermittlung ein Verhältnis auf Augenhöhe mit dem fachwissenschaftlichen Personal und die Einbeziehung in die Positionierung des jeweiligen Hauses sowie in die Planung und Gestaltung von Ausstellungen und Veranstaltungen. Diese Forderungen sind offenkundig bis heute nicht erfüllt.[5] Dabei ist es nicht nachvollziehbar, dass viele Häuser sich das Fachwissen und die Expertise der Vermittler_innen entgehen lassen, obwohl diese tagtäglich in Kontakt mit den Besucher_innen stehen und Rückmeldungen über Vorlieben und Interessen bekommen, aber auch Kritik hören. Die Forderung nach Mitgestaltung verlangt allerdings auch Qualifikationsstandards für Vermittler_innen und frei zugängliche Ausbildungen, um diese erreichen zu können. Diese gut qualifizierten Mitarbeiter_innen brauchen faire Arbeitsbedingungen und zusätzliche Ressourcen, um strategisch an der Positionierung der Institution und an ihren Inhalten mitzuarbeiten. Dabei ist die Dokumentation der eigenen Arbeit essenziell für die Sichtbarkeit der Vermittlung und ihrer Arbeit, sie ist aber auch ein wichtiges Instrument der Weiterentwicklung und Analyse. In vielen Institutionen und Projekten sind dafür keine Ressourcen vorhanden. Dies sollte im Sinne einer Professionalisierung eine Forderung für die Zukunft sein.

5 Lisa Spanier, Kunst- und Kulturvermittlung im Museum. Historie – Bestandsaufnahme – Perspektiven, Düsseldorf 2014, S. 107.

Wie der Blick über die Entwicklung des Berufsbildes gezeigt hat, dürfen Vermittler_innen durchaus selbstbewusst in die Zukunft schauen. Sie leisten einen großen Beitrag zur Attraktivität der Institutionen, in denen sie tätig sind. Es geht nicht darum, ihnen zu »erlauben«, Vermittlungsaktivitäten selbst zu planen und umzusetzen, und dafür Dank zu erwarten. Es ist auch kein Geschenk, für seine Arbeit fair entlohnt zu werden. Der eigenständige Wert der Vermittlung muss vielmehr erkannt, respektiert und von ihren Vertreter_innen selbstbewusst eingefordert werden. Denn Vermittlung ermöglicht vielfältige Beziehungen zwischen unterschiedlichen Menschen in Museen und Ausstellungen. In einer zunehmend durch virtuelle Kommunikation bestimmten Welt wächst das Bedürfnis nach »physischen, lebendigen und intersubjektiven Beziehungen«[6], das durch Vermittlung bedient werden kann. »Museen können zu Orten werden, die tiefere und innigere Beziehungen ermöglichen und zu einer Neubewertung unserer eigenen Haltungen, Werte, Emotionen und Fähigkeiten ermutigen.«[7] Diese Arbeit mit Menschen und für Menschen mit dem Ziel, wahrhaft in Kontakt zu treten, ist nur durch gegenseitigen Respekt und Wertschätzung möglich. Eine solche Form der »Beziehungsarbeit« erfordert eine ständige Analyse der Qualität und Machtverhältnisse.[8]

Sein Gegenüber wertzuschätzen und eine wahrhafte und herzliche Beziehung aufzubauen wird nicht immer gelingen, braucht aber in jedem Fall günstige Voraussetzungen. Unter Zeitdruck

6 Barbara Coutinho, Kuratieren auf dem Weg zu einer neuen Beziehung zwischen Menschen, Orten und Dingen. Mude Museum Action zur Stärkung des intrinsischen relationalen Wertes von Kultur, in: Carmen Mörsch, Angeli Sachs, Thomas Sieber (Hg.), Ausstellen und Vermitteln im Museum der Gegenwart, Bielefeld 2017, S. 69–79, hier S. 69 nach Nicolas Bourriaud, Relational Aesthetics, Dijon 2002, S. 113.

7 Ebenda, S. 70.

8 Angelika Doppelbauer, Beziehungsarbeit. Kunstvermittlung im Museum der Zukunft, in: Anna Maria Loffredo (Hg.), Causa didactica. Professionalisierung in der Kunst/Pädagogik als Streitfall, München 2018, S. 114-133.

oder in einer Situation der Überforderung ist keine emotionale Annäherung möglich. Die Qualität der Vermittlung hängt wie jede Arbeit von günstigen Rahmenbedingungen, der Möglichkeit zu kollegialem Austausch und der Wertschätzung der Bemühungen von außen ab. Vieles hat sich in den letzten Jahren in diesem Sinne verändert, vieles wurde erreicht. Es bleibt zu hoffen, dass nicht aus einem falsch verstandenen Rentabilitätsanspruch an Museen und Ausstellungshäuser positive Entwicklungen wieder zurückgenommen werden.

8. Literatur

Mieke Bal, Sagen, Zeigen, Prahlen, in: Mieke Bal, Kulturanalyse, Frankfurt am Main, 2002, S. 72–116

Julia Breithaupt, Bildungsarbeit im Museum. Bemerkungen zu einem Begriff, in: Standbein Spielbein, 64, 2002, S. 5–7

Büro trafo.K, Vorwort: Was heißt Ver_lernen in der Praxis?, in: Büro trafo.K: Ines Garnitschnig, Renate Höllwart, Elke Smodics, Nora Sternfeld, Strategien für Zwischenräume. Ver_lernen in der Migrationsgesellschaft, Schulheft 165/2017, Wien 2017, S. 7–11

Barbara Coutinho, Kuratieren auf dem Weg zu einer neuen Beziehung zwischen Menschen, Orten und Dingen. MUDE Museum Action zur Stärkung des intrinsischen relationalen Wertes von Kultur, in: Carmen Mörsch, Angeli Sachs, Thomas Sieber (Hg.), Ausstellen und Vermitteln im Museum der Gegenwart, Bielefeld 2017, S. 69–82

Angelika Doppelbauer, Beziehungsarbeit. Kunstvermittlung im Museum der Zukunft, in: Anna Maria Loffredo (Hg.), Causa didactica. Professionalisierung in der Kunst/Pädagogik als Streitfall, München 2018, S. 114-133

Aline Ehrenfried, Ute Moos, Petra Staudinger, Verena Traeger, Kulturvermittlung, die kleine Schwester der Kunstvermitlung? Über versäumte Vernetzungen in der Vermittlungsarbeit, in: faxen, 40, 2001, S. 6–10

Gottfried Fliedl, Roswitha Muttenthaler, Herbert Posch (Hg.), Bewölkt – heiter. Die Situation der Museumspädagogik in Österreich (Museum zum Quadrat, Bd. 2), Wien 1990

Nicole Gesche-Koning, ICOM EDUCATION 20. Museums and Education ICOM-CECA Publications 1952–2006

Angelique Gross, Die Bildpädagogik Otto Neuraths. Methodische Prinzipien der Darstellung von Wissen. Veröffentlichungen des Instituts Wiener Kreis. Heidelberg 2015

Rudolf Haller, Robin Kinross (Hg.), Otto Neurath, Gesammelte bildpädagogische Schriften, Wien 1991

Anke te Heesen, Theorien des Museums zur Einführung, Hamburg 2012

Alisha M. B. Heinemann, Maria do Mar Castro Varela, Ambivalente Erbschaften. Verlernen erlernen, in: Büro trafo.K: Ines Garnitschnig,

Renate Höllwart, Elke Smodics, Nora Sternfeld, Strategien für Zwischenräume. Ver_lernen in der Migrationsgesellschaft, Schulheft 165/2017, Wien 2017, S. 28–37

Renate Höllwart, Vom Stören, Beteiligen und Sichorganisieren. Eine kleine Geschichte der Kunstvermittlung in Wien, in: schnittpunkt – Beatrice Jaschke, Charlotte Martinez-Turek, Nora Sternfeld (Hg.), Wer spricht? Autorität und Autorschaft in Ausstellungen, Wien 2005, S. 105–119

Renate Höllwart, Entwicklungslinien der Kunst- und Kulturvermittlung, in: Schnittpunkt et al. (Hg.), Handbuch Ausstellungstheorie und praxis, Wien, Köln, Weimar 2013, S. 37–50

Beatrice Jaschke, Nora Sternfeld, Einleitung. Ein educational turn in der Vermittlung, in: Schnittpunkt, Beatrice Jaschke, Nora Sternfeld (Hg.), educational turn, Handlungsräume der Kunst- und Kulturvermittlung, Wien 2012, S. 13–26

Hadwig Kräutler, Museum education in Austria – The present state and a proposal for development, Dissertation, Leicester 1984

Hadwig Kräutler (Hg.), New strategies for communication in museums. Proceedings of ICOM-CECA 96, Wien 1997

Hannelore Kunz-Ott, Sibylle Maurer, Sara Smidt (Hg.), Kommunikation. Museumspädagogik. Bildungsarbeit. Kulturvermittlung in Museen und Ausstellungen, Wien 1999

Nora Landkammer, Vermittlung als kollaborative Wissensproduktion und Modelle der Aktionsforschung, in: Bernadette Settele, Carmen Mörsch (Hg.), Kunstvermittlung in Transformation. Perspektiven und Ergebnisse eines Forschungsprojektes, Zürich 2012, S. 199–211

Alfred Lichtwark, Museen als Bildungsstätten. Einleitung zum Mannheimer Museumstag, in: Eckhard Schaar (Hg.), Alfred Lichtwark, Erziehung des Auges. Ausgewählte Schriften, Frankfurt am Main 1991, S. 43–47

Alfred Lichtwark, Übungen in der Betrachtung von Kunstwerken, 3. Auflage, Dresden 1900

Charmaine Liebertz, Kunstdidaktische Aspekte in der Museumspädagogik. Entwicklung und Gegenwart, Weinheim 1988

Oliver Machart, Die Institution spricht. Kunstvermittlung als Herrschafts- und als Emanzipationstechnologie, in: schnittpunkt – Beatrice Jaschke, Charlotte Martinez-Turek, Nora Sternfeld (Hg.), Wer spricht? Autorität und Autorschaft in Ausstellungen, Wien 2005, S. 34–56

Wencke Maderbacher, Kulturfairmitteln. Praxishandbuch Anstellung eines Kulturvermittlungs-Teams, Wien 2015

Wencke Maderbacher, Sandra Malez, Kulturvermitteln – Vom Prekariat zum Beruf, in: neues museum 1, 2018, S. 62–64

Charlotte Martnez-Turek, Simultan. Überlegungen zu einer Vermittlung in einer Ausstellung zur Gebärdensprachgemeinschaft, in: schnittpunkt – Beatrice Jaschke, Charlotte Martinez-Turek, Nora Sternfeld (Hg.), Wer spricht? Autorität und Autorschaft in Ausstellungen, Wien 2005

Carmen Mörsch, Am Kreuzungspunkt von vier Diskursen: Die documenta 12 Vermittlung zwischen Affirmation, Reproduktion, Dekonstruktion und Transformation, in: Carmen Mörsch, Forschungsteam documenta 12 Vermittlung (Hg.), Kunstvermittlung 2. Zwischen kritischer Praxis und Dienstleistung auf der documenta 12, Zürich, Berlin 2009, S. 9–33

Carmen Mörsch, Sich selbst widersprechen. Kunstvermittlung als kritische Praxis innerhalb des educational turn in curating, in: Schnittpunkt, Beatrice Jaschke, Nora Sternfeld (Hg.), educational turn, Handlungsräume der Kunst- und Kulturvermittlung, Wien 2012, S. 55–78

Carmen Mörsch, In Verhältnissen über Verhältnisse forschen: Kunstvermittlung in Transformation als Gesamtprojekt, in: Bernadette Settele, Carmen Mörsch (Hg.), Kunstvermittlung in Transformation. Perspektiven und Ergebnisse eines Forschungsprojektes, Zürich 2012, S. 299–317

Carmen Mörsch, Zeit für Vermittlung, http://www.kultur-vermittlung.ch/zeit-fuer-vermittlung/v1/?m=0&m2=1&lang=d, abgerufen am 12.2.2018

Roswitha Muttenthaler, Regina Wonisch, Gesten des Zeigens. Zur Repräsentation von Gender und Race in Ausstellungen, Bielefeld 2007

Tobias Nettke, Weniger Museumspädagogik und mehr Vermittlung im Museum? Ein Kommentar zur Erstarkung der Vermittlungsaufgabe im Museum, in: Standbein Spielbein, 91, 2011, S. 59–61

Ruth Noack, Die Ausstellung als Medium. Das Vermittlungskonzept der documenta 12, in: Carmen Mörsch, Forschungsteam documenta 12 Vermittlung (Hg.), Kunstvermittlung 2. Zwischen kritischer Praxis und Dienstleistung auf der documenta 12, Zürich, Berlin 2009, S. 333–338

Josef Nolte, Museumspädagogik. Ein Studienvorkommnis zwischen den Wissenschaften, in: Standbein Spielbein, 36/37, 1993, S. 6–10

Stefan Nowotny, Polizierte Betrachtungen. Zur Funktion und Funktionsgeschichte von Ausstellungstexten, in: schnittpunkt – Beatrice Jaschke, Charlotte Martinez-Turek, Nora Sternfeld (Hg.), Wer spricht? Autorität und Autorschaft in Ausstellungen, Wien 2005, S. 72–92

Gustav Pauli, Das Kunstmuseum der Zukunft, in: Deutscher Museumsbund (Hg.), Die Kunstmuseen und das Deutsche Volk, München 1919, S. 3–20

Samuel Quiccheberg, Inscriptiones vel Tituli Theatri Amplissimi, 1565

Irit Rogoff, Starting in the Middle. NGOs and Emergent Forms for Cultural Institutions, in: Johanna Burton, Shannon Jackson, Dominic Willisdon (Hg.), Public Servants. Art and the Crisis of the Common Good, Cambridge/Mass., London 2016, S. 465–480

Stella Rollig, Eva Sturm (Hg.), Dürfen die das? Kunst als sozialer Raum (Museum zum Quadrat Bd. 13), Wien 2004

Bernadette Settele, Design kritisch vermitteln. Kein Fazit, in: Bernadette Settele, Carmen Mörsch (Hg.), Kunstvermittlung in Transformation. Perspektiven und Ergebnisse eines Forschungsprojektes, Zürich 2012, S. 242–257

Bernadette Settele, Umständliche Transformationen? Kunstvermittlung entwickeln durch teambasierte Aktionsforschung, in: Bernadette Settele, Carmen Mörsch (Hg.), Kunstvermittlung in Transformation. Perspektiven und Ergebnisse eines Forschungsprojektes, Zürich 2012, S. 150–170

Karin Schneider, Das Display aktivieren, in: Art Education Research No. 1/2010, https://blog.zhdk.ch/iaejournal/2010/06/17/n1_praxis-in-der-kulturellen-bildung/, abgerufen am 6.12.2017

Christiane Schrübbers (Hg.), Moderieren im Museum. Theorie und Praxis der dialogischen Besucherführung, Bielefeld 2013

Elke Smodics, Ines Garnitschnig, Im Zwischenraum von Teilhabe und Teilgabe. Das Projekt »Strategien für Zwischenräume. Neue Formate des Ver_lernens in der Migrationsgesellschaft«, in: Büro trafo.K: Ines Garnitschnig, Renate Höllwart, Elke Smodics, Nora Sternfeld, Strategien für Zwischenräume. Ver_lernen in der Migrationsgesellschaft, Schulheft 165/2017, Wien 2017, S. 12–20

Monika Sommer, Museologie und Museumsgeschichten, in: Schnittpunkt et al. (Hg.), Handbuch Ausstellungstheorie und praxis, Wien, Köln, Weimar 2013, S. 13–21

Lisa Spanier, Kunst- und Kulturvermittlung im Museum. Historie – Bestandsaufnahme – Perspektiven, Düsseldorf 2014

Nora Sternfeld, Der Taxispielertrick. Vermittlung zwischen Selbstregulierung und Selbstermächtigung, in: schnittpunkt – Beatrice Jaschke, Charlotte Martinez-Turek, Nora Sternfeld (Hg.), Wer spricht? Autorität und Autorschaft in Ausstellungen, Wien 2005, S. 15–33

Nora Sternfeld, Das gewisse Savoir/Pouvoir. Möglichkeitsfeld Kunstvermittlung, in: ADKV (Hg.), Collaboration. Vermittlung.Kunst.Verein. Ein Modellprojekt zur zeitgemäßen Kunstvermittlung an Kunstvereinen in Nordrhein-Westfalen 2008-2009, Köln, 2012, S. 27-32

Nora Sternfeld, Was wächst in Zwischenräumen? Ein theoretischer Begriff im Hinblick auf die Praxis, in: Büro trafo.K: Ines Garnitschnig, Renate Höllwart, Elke Smodics, Nora Sternfeld, Strategien für Zwischenräume. Ver_lernen in der Migrationsgesellschaft, Schulheft 165/2017, Wien 2017, S. 21–27

Gabriele Stöger, Was ist Museumspädagogik?, in: Standbein Spielbein, 43, 1995, S. 10–11

Gabriele Stöger, Museen, Orte für Kommunikation. Einige Aspekte aus der Geschichte der Bildungsarbeit von Museen, in: Josef Seiter, Auf dem Weg. Von der Museumspädagogik zur Kunst- und Kulturvermittlung, Schulheft 111, Wien 2003, S. 14–28

Eva Sturm, Im Engpass der Worte. Sprechen über moderne und zeitgenössische Kunst, Berlin 1996

Eva Sturm, Woher kommen die Kunst-VermittlerInnen? Versuch einer Positionsbestimmung, in: Stella Rollig, Eva Sturm (Hg.), Dürfen die das? Kunst als sozialer Raum (Museum zum Quadrat Bd. 13), Wien 2004, S. 198–211

Friedrich Waidacher, Handbuch der Allgemeinen Museologie, Wien, Köln, Weimar 1999

Klaus Weschenfelder, Wolfgang Zacharias, Handbuch Museumspädagogik. Orientierungen und Methoden für die Praxis, Düsseldorf 1981, 2. Auflage 1988

Luisa Ziaja, Schau mal, wer da spricht. Möglichkeiten und Grenzen des Vermittlungsmediums Audioguide, in: schnittpunkt – Beatrice Jaschke, Charlotte Martinez-Turek, Nora Sternfeld (Hg.), Wer spricht? Autorität und Autorschaft in Ausstellungen, Wien 2005, S. 164–168

Register